GUÍA DE **PUROS** INTERNACIONAL

GUÍA DE PUROS

INTERNACIONAL

La selección
en el arte
del
buen fumar

Jane Resnick

KÖNEMANN

Título original: International Connoisseur's Guide to Cigars

© 1997 de la edición española
Könemann Verlagsgesellschaft mbH,
Bonner Str. 126, 50968 Colonia, Alemania

Traducción del inglés: Glòria Carrera, Ester Galindo
para LocTeam, S.L., Barcelona
Redacción y maquetación: LocTeam, S.L., Barcelona
Montaje: Reproservice Werner Pees
Director de producción: Detlev Schaper
Impresión y encuadernación: Kossuth Printing House Co., Budapest

Printed in Hungary

ISBN: 3-89508-851-X

AGRADECIMIENTOS

Agradecemos el asesoramiento y el material facilitado por:

Sr. Josep Ilario Font, editor de la revista Epicur, Barcelona
Sra. Carme Masana, de la Cava de Cigars, Barcelona
Sr. Antonio Castellanos, de Coiba, Madrid

CONTENIDO

INTRODUCCIÓN

*El puro… es algo que exige respeto. Se dirige
a todos los sentidos, a todos los placeres, al olfato,
al gusto, al tacto, a la vista… Un buen puro
es la promesa de una experiencia
de lo más placentera.*

Zino Davidoff
autor de **El libro del buen fumador de habanos**

Los antiguos mayas fumaban puros con fines religiosos; hoy en día los mismos puros son objeto de veneración por parte de ardientes fumadores. Así, los puros adquieren, de nuevo, el respeto y el aprecio merecidos. En el umbral del siglo XXI, Norteamérica parece remontarse a finales del siglo pasado, cuando los puros eran un complemento de moda de las clases acomodadas. En 1994, la venta de puros en los Estados Unidos aumentó por primera vez desde 1970, año en que se vendieron ocho mil millones de unidades, y en 1995 las ventas de puros de calidad crecieron más de un 30%. Con la numerosa comunidad fumadora actual, la demanda de puros de importación se estima en unos 150 millones de unidades. Desde que un miembro de la tripulación de Cristóbal Colón divisó a un nativo fumando, los puros han cautivado a hombres y mujeres de todas clases.

Esto no es de extrañar, ya que disfrutar de un puro de calidad es algo muy personal e idiosincrásico, pero también un placer para compartir. Los incontables matices de los puros le aportarán un sinfín de nuevas experiencias. Así, fumar un puro en la intimidad aporta una intensa sensación de bienestar y relajación. Y es que los puros intensifican cualquier estilo de vida.

Este libro constituye una excelente obra de referencia, pues incluye las principales marcas de puros existentes, de uso selecto y para el gran público. Su objetivo es educar tanto a fumadores ocasionales, como a principiantes y expertos, pues el tema puede enfocarse desde varias perspectivas y siempre ofrece algo nuevo que aprender. De ahí la belleza de fumar, pues permite adentrarse en nuevas sensaciones, a la vez que aporta plácidos momentos de satisfacción, efímeros como el humo, pero inolvidables.

LA CONVERSIÓN
DEL TABACO EN PUROS
De la semilla al humo

Jamás engendró la tierra
igual planta placentera.

Barten Holyday, 1618

Los mejores momentos de la vida son efímeros, a pesar de haber requerido años de preparación. Así sucede con los puros: el placer de fumar un puro gratificante durante una hora es el resultado de meses, incluso años, de trabajo intenso, meticuloso y especializado.

El origen de este producto de composición 100% natural lo constituye la planta del tabaco, pero no cualquier brote silvestre que crezca en una ladera tropical. Muy pocos lugares del mundo gozan de la temperatura, la humedad y el suelo adecuados para que una semilla se convierta en una planta cuyas hojas puedan destinarse a la elaboración de un puro. Un clima idóneo no es suficiente, ya que la alquimia se encuentra en el suelo, y nunca existen dos lugares de características idénticas. Así, incluso en Cuba, la capa, el capillo y la tripa de los puros sólo se cultivan en lugares muy concretos, entre los que destaca el valle Vuelta Abajo, al oeste del país. Otro ejemplo es el de la capa Connecticut, de hoja cultivada a la sombra y considerada la mejor del mundo, que sólo crece en una pequeña zona de cien hectáreas de este estado. Cultivada en Ecuador, esta misma capa resultará también exquisita, pero sabrá diferente. Por lo tanto, independientemente de su calidad, los puros hechos en la República Dominicana, Honduras, Nicaragua, México o Cuba no pueden tener las mismas características. Todos poseen la idiosincrasia que emana de su respectivo suelo de cultivo, esto es, el ingrediente subterráneo irreemplazable.

La vida de un puro de calidad empieza con minúsculas semillas, tratadas durante 45 días y plantadas en perfecta fila recta, como si de una columna de soldados se tratara. El tabaco cultivado a la sombra, o "tapado", se cubre con una tela metálica o de algodón parecida a una tienda de campaña. Tras otros 45 días, las plantas son sometidas a una primera selección, a fin de extraer las hojas adecuadas para la elaboración de los puros. En esta etapa ya se empieza a desvelar el misterioso sabor de los puros, que viene determinado por la posición que ocupan las hojas en el tallo. Así, la hoja al pie del tallo, denominada hoja de *volado*, tiene el sabor más suave; en la mitad del tallo se encuentra la hoja de *seco*, de sabor medio; por último, la hoja de *ligero*, en la parte superior, aporta el sabor y la textura más intensos. Incluso tras cinco o seis escogidas, sólo entre dieciséis y dieciocho hojas de una planta de tabaco cumplirán los elevados estándares que exige la confección de un buen puro.

Tras esta exhaustiva selección, las hojas se agrupan según textura y tamaño y se trasladan a las casas de tabaco para su curación, donde permanecen colgadas entre tres y ocho semanas en función del clima y del resultado deseado. Al principio, las hojas son de color verde, pero durante el secado se decoloran y adquieren tonalidades doradas. Seguidamente, las hojas se clasifican y se separan de nuevo, según la textura, el tamaño y el color, actividad que se repite una y otra vez a lo largo de su procesamiento. Llegados a este punto, se agrupan en mazos o grupos de veinte hojas y se inicia un primer proceso de fermentación en pilones, por el cual las hojas dejan de ser meras piezas vegetales y se convierten en un valioso tesoro de posibilidades para fumar.

A continuación, los mazos se amontonan en grandes pilas cuya altura oscila entre 90 cm y 1,80 cm y cuyo peso puede alcanzar los 4.500 kg. La compresión de estas pilas o "burros" permite expulsar el aire y preparar el tabaco para la segunda fase de fermentación o "de sudor", tal y como se designa de forma menos agradable. Poco a poco empieza a aumentar la temperatura de las hojas del interior, que a su vez expulsan humedad, savia, nicotina y amoníaco. Para que la fermentación se realice de manera uniforme, las hojas deben ser de igual calidad y estar a una misma temperatura. El aroma y el calor invaden el ambiente mientras las hojas adquieren profundidad, sabor y carácter. Para controlar la temperatura, fundamental en esta fase, se introducen largos termómetros en el interior de los burros. Así, la temperatura máxima es de 72°C, pero las temperaturas más frecuentes se sitúan alrededor de los 45°C, a excepción del tabaco maduro, que precisa un ambiente más caluroso para intensificar su color.

Cuando la temperatura adquiere el nivel deseado, se "invierte" cada uno de los burros, es decir, se extrae el

Puros dentro de una prensa

mazo superior, se agita y se coloca en la base para convertirse en el mazo inferior de un nuevo burro. Este proceso puede repetirse hasta diez veces a lo largo de un
periodo de entre uno y tres meses, siempre bajo la su-
pervisión de un equipo que controla el añejamiento, la
textura y el color. Las hojas que acabarán convirtiéndo-
se en tabaco maduro pueden tardar hasta seis meses en
adquirir los intensos tonos negros y dorados que lo caracterizan. El proceso se completa cuando la temperatura se estabiliza tras invertir los burros, lo cual varía en
función del tabaco. Por un lado, los puros que resultan
de una fermentación incompleta no se mantienen
encendidos y, lo que es peor, su sabor áspero o amargo
produce una sensación de ardor en el pecho. Por otro
lado, con una fermentación excesiva, las hojas se "pasan" y resultan insípidas. En definitiva, la elaboración

de puros exige un control estricto del tiempo de fermentación. Una vez terminada la fermentación, el tabaco se clasifica de nuevo con minuciosidad, se etiqueta según origen y fecha y se almacena para añejarlo, un periodo que puede durar de uno a tres años, o incluso más tiempo.

Cuando sale del almacén, el estado del tabaco es tan frágil como el papel amarillento que ha permanecido demasiado tiempo en el desván. Para que las hojas recuperen la elasticidad, se humedecen un poco con agua, un proceso llamado "moja", cuya función consiste en proporcionar a las hojas la humedad precisa para reavivarlas. A continuación, las hojas ya están listas para el despalillo o extracción de los nervios; luego, en algunos casos, las hojas que se convertirán en capas se separan en la parte derecha e izquierda, a fin de que el puro torcido a mano adquiera la forma adecuada. Por último, se examinan de nuevo y se clasifican según se utilicen para tripas, capillos o capas. Casi parece innecesario mencionarlo, pero es importante recordar la gran minuciosidad del trabajo manual realizado hasta el momento, cuando las hojas todavía no se han convertido en puros.

Este paso tendrá lugar cuando el tabaquero realice su hechizo. Gracias a la experiencia, éste conoce en profundidad cada variedad de tabaco, sus respectivos sabores, el ritmo de combustión y los resultados de la mezcla con otras variedades. Pero, si bien conocer las características de una u otra variedad de tabaco es cuestión de experiencia, determinar el sabor y el carácter de su combinación es todo un arte, pues las posibilidades son tan infinitas como las de un artista ante una tela en blanco. En consecuencia, el tabaquero confía en su experiencia del mismo modo que el pintor deja volar su imaginación, y selecciona las proporciones exactas de las variedades de tabaco que dotarán a su marca de un sabor distintivo. Estas proporciones no se hacen públicas, puesto que gran parte de lo que distingue los puros de una empresa tabaquera de otras marcas recae en las manos del maestro tabaquero. Una vez completada esta última fase tras los procesos de plantación, cultivo, selección, clasificación, fermentación y envejecimiento, el tabaco está listo, finalmente, para convertirse en un auténtico puro.

LA PRODUCCIÓN DE PUROS
A mano... y a máquina

De este a oeste alegras, sublime tabaco,
del turco el reposo y del marino el trabajo.

Lord Byron

Los mitos resultan siempre fascinantes, como el que sostiene que son las muchachas cubanas quienes enrollan entre sus muslos los mejores Habanos. Pero lo que en realidad se precisa para fabricar un puro de calidad no son muslos, sino manos expertas e infatigables.

Para comprender el maravilloso arte de la fabricación de un puro, es necesario familiarizarse primero con

El torcedor de las fotografías es Rafael López de
"The Home of Tobacco Products" de Nueva York.
Allí producen sus propios puros torcidos a mano,
llamados Almirante. En las fotografías superiores,
se muestra la colocación de los puros en la prensa.

el vocabulario correspondiente. De los dos extremos de
un puro, el que se fuma se denomina cabeza, que está
cubierta por la "perilla", y el que se enciende, "pie". La
fabricación se centra en tres elementos principales: la
tripa, el capillo y la capa, cuya elaboración y combinación diferencian unos puros de otros.

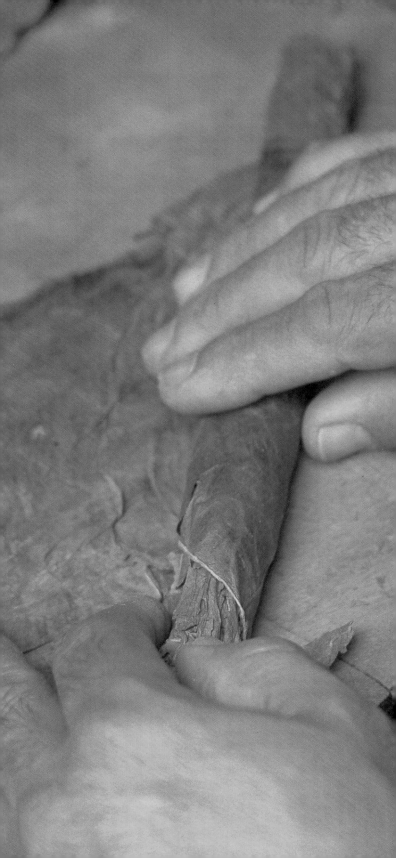

La tripa constituye el núcleo del puro, el centro esencial, que envolverán el capillo y luego la capa. Está formada por largas hojas de tabaco, que ocupan toda la longitud del puro, o por hojas cortadas en fragmentos más pequeños, utilizadas básicamente para los hechos a máquina. La tripa de los puros de calidad se elabora sólo con hojas largas, a fin de preservar el mismo sabor en todo el puro y producir una ceniza consistente. Por lo general, para elaborar una tripa de calidad se combinan al menos dos o tres tabacos diferentes, con el fin de obtener toda una paleta de sabores en cada puro.

El capillo es la primera capa que cubre la tripa. En un puro de calidad, es una hoja especial que posee la resistencia adecuada para envolver el manojo de hojas. Es posible que los puros destinados al gran público tengan un capillo "homogeneizado", formado por recortes de tabaco troceados previamente. El capillo influye en el sabor, el aroma y la combustibilidad del puro, y su sabor debe ser compatible con el de la tripa y la capa.

La capa es como la cubierta que sirve para juzgar un libro. Desde un punto de vista estético, la capa debe ser atractiva, bien veteada, de textura uniforme y suave al tacto; en caso contrario, las posibilidades de venta del puro pueden verse muy menguadas. Pero aún hay más. Como la capa puede contribuir al sabor de un cigarro en un 60%, ésta debe ser fina y seleccionada con mucha atención, a fin de completar y potenciar las características de la tripa y el capillo. La colocación artesanal de la capa es tarea del torcedor, cuyas habilidades le convierten en el principal artesano de la jerarquía productora de puros.

Además de estos tres componentes, existen tres métodos de combinación distintos para confeccionar puros: los de confección manual siguen un proceso enteramente manual; en ciertos puros, una máquina aglutina (forma) la tripa y la cubre con el capote, mientras que la capa se tuerce a mano; en los puros mecanizados, todas las fases del proceso son realizadas mediante máquinas.

La manufactura de puros manual se considera anticuada, en el mejor sentido del término. El orgullo artesano no se ve como algo antiguo en la fábrica de puros, sino como el fundamento de una empresa centenaria. La elaboración a mano de un puro empieza en las manos del tabaquero, que moldea la tripa en forma cilíndrica. Resulta evidente que este proceso no se desarrolla por la vía rápida, es decir, enrollando las hojas o doblándolas como si de un libro se tratara, sino que se plisa como si fuese un abanico para crear pasos de aire horizontales que faciliten el tiro, y para asegurar que todas y cada una de las caladas contengan la totalidad de los sabores del tabaco. La tripa se envuelve con una hoja, el capillo, y se convierte en un "tirulo" o "empuño", un puro desprovisto de capa. A continuación, los tirulos se colocan en filas de unas diez unidades sobre moldes de madera del tamaño del producto final deseado. Luego, los moldes se introducen en una prensa, que aplica la presión necesaria para que los puros adquieran forma. Durante los 45 minutos que dura el prensado, los tirulos giran con regularidad para crear el contorno cilíndrico deseado.

El proceso continúa con el trabajo del maestro torcedor, el miembro más diestro de la comunidad productora de puros que trabaja la capa adaptándola al tamaño deseado, y luego enrolla el puro de modo que la punta de la hoja esté en el pie, y la base de la hoja, en la cabeza. De este modo, el tabaco es más suave en las primeras caladas. A continuación, el torcedor recorta una pequeña pieza para la perilla y la pega a la cabeza con un poco de goma vegetal. Cualquier persona que aspire a convertirse en un maestro torcedor debe ser aprendiz durante dos años. Aquellos que superan con éxito esta categoría tan respetable, deben trabajar un mínimo de seis años más, antes de dominar todas las modalidades posibles. Los criterios son tan rigurosos que ni veinte años se consideran demasiado para convertirse en un maestro torcedor.

Superada esta fase, la actividad humana adquiere un papel secundario para dar paso a la naturaleza. Los puros, cuyo tabaco se humedece para trabajarlo con más facilidad, se ponen a secar en salas recubiertas de madera de cedro, donde se controla la temperatura. Sin embargo, lo que ocurre en estas salas de añejamiento no es tan sólo un proceso de secado. Aquí, los sabores de cada tabaco, seleccionados con mucha atención para que puedan complementarse, deben disponer del tiempo necesario para entremezclarse; así los sabores individuales aportan matices al carácter principal del puro, resultante de las mezclas. Este aislamiento dura un mínimo de tres semanas, pero en series de puros especiales, puede alargarse varios meses o incluso más de un año.

Una vez acabados, los puros se someten a otro análisis aún más exhaustivo y se distribuyen en cajas tras

una clasificación muy específica en función del color. Cada caja debe contener sólo puros del mismo tono, un factor que no está relacionado con el sabor, la calidad o la fortaleza. Es más bien una cuestión de orgullo, pues una caja perfecta demuestra el cuidado extraordinario con que se ha confeccionado un puro hecho a mano.

No obstante, los puros hechos a mano no son los únicos de buena calidad. Un puro liado a máquina pero torcido a mano no es un puro exento de trabajo manual, pues, si bien la máquina forma el tirulo, un torcedor lo enrolla con la capa; luego, los puros se someten a minuciosos procesos de control, selección y añejamiento. En términos legales, éstos también se consideran hechos a mano, y la parte mecanizada del proceso incluso puede ser una ventaja, pues suele aportar una mayor consistencia. Las máquinas pueden evitar la falta de uniformidad y los errores humanos que son más susceptibles de producirse en la elaboración manual. Otro factor a tener en cuenta es que los puros hechos a máquina resultan mucho más económicos que los hechos a mano.

Los puros mecanizanos, en general, dan lugar a una categoría de tabaco más económica y asequible. A menudo, se elaboran con hojas de tabaco homogeneizadas, un material pulposo que resulta de la mezcla de las semillas y las fibras del tabaco junto con sustancias como la celulosa. Las hojas de tabaco homogeneizadas, a menudo en forma de lámina, pueden utilizarse como capa o capillo. [El término "en serie" designa las enormes cantidades que producen las máquinas a gran velocidad y, en consecuencia, su categoría más económica.] Los puros mecanizados son, por definición, los de mayor consistencia y sabor realmente suave; de hecho, una buena elección para quien fuma varios puros al día.

Existen otros puros mecanizados que no cumplen con las características anteriores y gozan de renombre mundial. Éste es el caso de los puros europeos al estilo holandés como Christian de Dinamarca, Schimelpeninck y Villiger. Algunos de estos puros "secos" contienen sólo tabaco, mientras que otros cuentan con capillos y capas de hoja homogeneizada. En general, el prensado es mecánico y su tripa es corta, motivo por el que se incluyen en la categoría de puros pequeños. Esto no significa que un puro seco no se considere excelente, es más, fumadores muy selectos los incluyen en su repertorio y algunos expertos sólo fuman estos puritos.

HUMIDORES
El puro mejor guardado

Fumar es humano;
fumar puros es divino.

Anónimo

La finalidad de algunos objetos de valor, como las pinturas y las joyas, reside en su exhibición o lucimiento. En el caso de los puros, quizás los objetos más preciosos, deben guardarse encerrados. De hecho, más que encerrados, deben permanecer en un lugar oscuro y sin variaciones climáticas, es decir, en un humidor o un recipiente similar, de precio asequible. La temperatura a que deben almacenarse los puros oscila entre 16°C y 18°C y una humedad relativa del 70% al 72%. Esta recreación del clima tropical del que provienen los puros evita que éstos se vuelvan secos y frágiles, los conserva durante más tiempo y crea el ambiente adecuado para envejecerlos, en caso de querer hacerlo. No es que los puros sean temperamentales, pero sí biológicos, y no sobrevivirían bajo condiciones adversas a la planta que fueron en su día. De ahí la importancia del humidor.

El humidor es una fuente permanente de humedad y presión atmosférica. También puede guardar los puros en un recipiente de plástico, junto con una bolsa de plástico con una servilleta de papel o una esponja humedecidas dentro. Existen reguladores de humedad diseñados para humidores grandes y pequeños. Todos los humidores, incluso los más caros, disponen de mecanismos generadores de humedad que, a su vez, precisan agua a intervalos regulares. Es preferible utilizar agua destilada, ya que las sustancias químicas del agua corriente pueden dañar estos mecanismos o enmohecer los puros. El moho también puede aparecer si los puros entran en contacto directo con el agua, lo cual debe evitarse. Los puros son moderados en sus hábitos, por ello, su entorno no debería ser ni muy seco ni muy húmedo. Si ha descuidado los puros y se han secado, puede humedecerlos de nuevo; pero, al igual que en una buena calada, no se precipite. Déjelos reposar en el humidor, lo más lejos posible del generador de humedad.

(Cualquier cambio abrupto resultaría perjudicial).

A menudo se recomienda guardar los puros en una caja de cedro, ya que la madera intensifica su sabor mientras maduran. En tal caso, extraiga el papel de celofán que los envuelve para posibilitar la mezcla de sabores. El cedro estimula un proceso en el que los tabacos que componen el puro, además de preservar su sabor individual, se fusionan en una mezcla muy compleja. En el interior de la caja, los puros respiran el mismo aire y el aroma resultante no puede mezclarse con el de otros puros. En las cajas de plástico se pueden introducir virutas de madera de cedro para producir un ambiente de calidad parecido al de la caja de cedro.

Un humidor constituye una sabia inversión, ya que le compensará con un mantenimiento óptimo de los puros. Adquiera un humidor adecuado a la cantidad y al tamaño de los puros que desea guardar, sin dejar de comprobar las dimensiones del interior, pues es posible que un humidor con capacidad para cincuenta unidades esté destinado a vitolas de menor tamaño que las suyas. Por razones estéticas, algunos humidores están forrados con cedro, pero hay quien cree que el cedro compite con los puros para absorber la humedad, lo que anula sus efectos positivos. A la hora de escoger entre la enorme variedad de humidores, déjese guiar por la intuición.

En función de las características mencionadas, el precio de un humidor oscila entre miles y millones de pesetas. En abril de 1996, Sotheby subastó objetos de Jacqueline Kennedy Onassis valorados en millones de dólares, entre ellos, un humidor que perteneció al presidente John F. Kennedy. Marvin R. Shanken, el mejor postor, lo adquirió por la cantidad de 574.500 dólares (83 millones de pesetas.).

Por fuera, un humidor debe estar construido como un piano: con bisagras y una tapa bien firme, equilibrada y que no vuelque la caja. A mayor precio, más posibilidades, por lo que encontrará humidores de varios pisos y compartimentos, con cerrojos, asas y acabados que compiten con los humidores artesanales. Algunos llevan higrómetros para medir el grado de humedad, aunque éstos pueden adquirirse por separado. Cuando sienta que el placer de fumar empieza con tan sólo abrir el humidor, es señal de que debe comprarse uno para completar su experiencia.

No resulta muy agradable abrir el frigorífico para

escoger un puro, aunque se ha afirmado que constituye un buen lugar de almacenamiento. Los frigoríficos que no producen hielo son los menos indicados para guardar los puros, porque eliminan la humedad. De todos modos, la nevera y el congelador le serán muy útiles para eliminar los gusanos del tabaco, pues aunque se fumiguen los puros durante su elaboración, los huevos de estos animales pueden permanecer latentes en el interior y provocar estragos si, con el calor del humidor, logran salir del huevo. Si esto ocurre, examine todos los puros para detectar los agujeros de estas criaturas, y elimine los que estén dañados. Evite otras posibles infestaciones, guardando los puros sanos en el congelador y dentro de una bolsa de plástico; antes de devolverlos a temperatura ambiente, téngalos unos días en el frigorífico. El cambio de temperatura debe ser gradual o, de lo contrario, la capa de los puros se desprenderá. Limpie bien el humidor para que vuelva a ser un sitio seguro.

Marvin R. Shanken, editor de la revista
Cigar Aficionado, *junto al humidor JFK.*

Otro problema que puede producirse es la aparición del moho, de color verde azulado y aspecto desagradable. De nuevo, deberá sacrificar los puros afectados, así como limpiar a fondo y airear el humidor. A veces, como resultado de los aceites que emanan los puros al envejecer, aparecen manchas grisáceas o blanquecinas en la capa. En estos casos, limpie las manchas con un paño suave.

Aunque en casa preste la máxima atención a sus puros, es lógico que también desee fumarlos en otro ambiente. En consecuencia debe disponer de un estuche para transportarlos, ya que los puros pueden doblarse o descomponerse si los traslada sin ningún tipo de protección. Lo importante es que la purera tenga las proporciones adecuadas. Existen estuches especiales para puros figurados y para puros parejos. Tenga en cuenta la cantidad de puros que desea llevar para que no queden sueltos dentro del estuche, y escoja un modelo en que éstos no sufran golpes. Compruebe que las pureras de cuero sean suaves y no dañen la capa de los puros, y recuerde que una petaca de cuatro no cabe en el bolsillo. No guarde una vitola a medio fumar en una caja con otros puros intactos, pues su aroma penetrará en todos ellos. Cada día devuelva al humidor los puros que no haya fumado. Un estuche no los mantiene frescos, pero sí un humidor especial para transportar puros, que también se encuentra en el mercado. Conservar bien los puros es una muestra de consideración hacia una de las mejores compañías de que puede disfrutar, ya sea dentro o fuera de casa.

LA ELECCIÓN DE UN PURO
El arte de la selección

En lo referente al tabaco, hay muchas supersticiones.
Y la principal es que existe un estándar
que lo regula, cuando en realidad no es cierto.
La preferencia de cada hombre es su único estándar,
el único que puede aceptar, el único que le puede dirigir.
Un congreso mundial de todos los amantes del tabaco
no podría dar con un solo estándar que nos
englobara a usted y a mí, ni que nos influyera.

Mark Twain
"Concerning Tobacco" (Acerca del tabaco), *1893*

Un axioma en el mundo de los fumadores de puros es que el puro perfecto no existe. Sólo existe el puro adecuado para cada uno, el que satisface su gusto y olfato. El placer de buscar el mejor puro recae en la misma búsqueda, calada a calada. Debido a la enorme variedad de puros existente, elegir uno es como extraer un número de lotería; sin embargo, con curiosidad y algunos conocimientos podrá embarcarse en una búsqueda que, sin duda, le compensará.

La marca

La información que necesita empieza por las marcas, algunas de las cuales se prestan a confusión por la doble identidad que adquirieron a raíz de la revolución cubana de 1959. Cuando Fidel Castro llegó al poder y nacionalizó la industria tabaquera, muchos productores abandonaron el país creyendo que podían llevarse consigo el nombre de sus marcas. Los que permanecieron en Cuba manifestaron su desacuerdo y siguieron fabricando puros con los nombres originales. Hoy en día, existen, pues, marcas –como Romeo y Julieta, Montecristo, Partagás o Punch, entre otras– producidas por dos empresas independientes, una en Cuba y la otra en algún lugar del Caribe. Si la marca es cubana, la anilla del puro lleva la inscripción "Habana" en miniatura.

El color

Los batallones de puros que los tabaqueros exponen

en los mostradores destacan por el color de las capas. Los productores identifican más de sesenta tonos distintos, pero los fumadores sólo alcanzan a distinguir unas siete tonalidades. En general, cuanto más clara es una capa, más suave es su sabor; cuanto más oscura, más dulce y fuerte. Aunque la naturaleza no resulte siempre tan exacta, aquí tiene una lista de los colores básicos:

Claro Claro • Esta capa de tono verdoso se conoce también con los nombres de *doble claro*, *candela* o *jade*, así como por A.M.S. ("American Market Selection"), debido a su gran popularidad en Estados Unidos. Su sabor es tan suave que casi parece insípido.

Claro • Hoja ligera y amarillenta, preferida por su sabor más bien neutro.

Carmelita Claro • Marrón rojizo claro de sabor suave.

Carmelita • Entre caoba y marrón. Con la sutilidad de su sabor y aroma, esta capa fue llamada E.M.S. ("English Market Selection") por ser muy apreciada en Europa y, en la actualidad, también en Estados Unidos.

Carmelita Maduro • Color marrón castaño y sabor de medio a fuerte.

Maduro • El café negro describe esta capa y da buena cuenta de la intensidad de su aroma. Se conoce asimismo como S.M.S. ("Spanish Market Selection").

Oscuro • El color casi negro de esta hoja la convierte en la capa más oscura de todas. Es la que se deja madurar durante más tiempo en la planta y se somete a un proceso de curación más prolongado.

El origen del tabaco

Hay divergencias de opinión sobre el grado de incidencia de la capa al carácter final del puro, pero sin duda alguna, este es considerable. De todos modos, el volumen de un puro reside en su cuerpo, la tripa, por lo que debería tener en cuenta la mezcla de tabacos de la tripa, a la hora de seleccionar uno. Las características de la tripa dependen del país de origen del tabaco. Así, entre los principales productores de tabaco y puros de calidad destacan: Cuba, Brasil, la República Dominicana, Honduras, Jamaica, Sumatra, Filipinas, las Islas Canarias, Camerún, Ecuador, Holanda, México, Nicaragua y Estados Unidos, país, éste último, donde crece la capa Connecticut, cultivada a la sombra, la más apreciada a nivel mundial. La siguiente lista, sin considerar la variación de las condiciones climáticas y de las cosechas, ofrece una idea sobre la relación entre el lugar de producción y el sabor final de los puros:

República Dominicana ● Sin duda, los puros más populares en Estados Unidos. Más bien suaves y con un dulce sabor a nuez. También con toques florales y acres.

Honduras ● Más consistentes y picantes que los dominicanos. Casi tan ricos como los procedentes de Cuba.

La Habana ● Considerados los mejores del mundo, los Habanos son de fortaleza media a fuerte, con cierto aroma a miel, café o acre. El Habano forma parte de la mezcla de los puros secos fabricados en Europa.

Jamaica ● Los puros jamaicanos, con su célebre Macanudo, resultan algo más suaves que los dominicanos.

Nicaragua ● Los nicaragüenses, que están mejorando, resultan más bien dulces, fuertes y aromáticos.

Ecuador ● Produce puros suaves y aromáticos.

Camerún ● Produce una hoja para capa de sabor picante y aroma intenso.

Sumatra ● Cultiva una variedad indonesia de tabaco más bien suave, pero con un punto picante.

México ● Produce puros de calidad, con una gama impredecible, desde el más suave al más fuerte.

Brasil ● Tanto el tabaco como los puros del Brasil suelen ser oscuros, ricos, suaves y de sabor dulzón.

La forma

Recubierta la tripa y torcida la capa, los puros presentan una gran variedad de cuerpos que se miden por fracciones o pulgadas (1 pulgada = 25,5 mm). Actualmente existen tantos tamaños y formas de puros diferentes que, alineados en posición vertical, parecerían una jungla en miniatura formada por árboles grandes y pequeños, irregulares y majestuosos. Como en la naturaleza, los productos de la industria tabaquera no suelen ser uniformes. Al principio, los puros de un mismo tipo, como los "Churchill", eran de tamaño estándar. Ya no. Hoy en día, el tamaño de un "Churchill" puede oscilar entre 170 y 204 mm, y esta falta de relación entre nombre y dimensiones se produce en todas las medidas.

Los puros se clasifican en función de su longitud en mm y su diámetro, denominado "cepo", se calcula a partir de la unidad base de 1/64 de pulgada. Así, por ejemplo, un puro de 165 mm x 46 tiene una longitud de 165 mm y un diámetro de tan sólo 3/4 de pulgada (46/64). En los países anglosajones las medidas suelen ser en pulgadas. Dado que no hay uniformidad entre los nombres y las medidas, es mejor analizar un formato determinado, sea cual sea el nombre que le atribuya su fabricante.

A parte de la longitud y la anchura, existen dos tipos básicos de vitolas: los *parejos*, de contornos rectos, y los *figurados*, de formas irregulares.

A pesar de que las distinciones podrían ser más precisas que las que aparecen a continuación, los puros de contornos rectos se engloban en estas categorías:

Corona • Este puro de nombre aristocrático constituye el punto de referencia tradicional a partir del cual se miden los demás formatos. Su tamaño medio, de 140 mm a 152 mm, y cepo 42 ó 44, se adapta a casi todas las ocasiones y permite disfrutarlo durante un mínimo de 45 agradables minutos. Como la mayoría de puros parejos, el corona tiene el pie descubierto y la cabeza tapada.

Churchill • Con unas dimensiones mínimas de 178 mm x 47, el Churchill es un puro fuerte y consistente, con el carácter de quien toma el nombre. Probablemente no haya nadie que supere la cantidad de puros fumados por Winston Churchill a lo largo de su vida.

Doble Corona • Partiendo de la idea de "cuanto más mejor", este puro, de 165 mm x 48, de gran calibre, contiene una mezcla de tabacos llena de sabor.

Petit Corona • Tal como su nombre indica, se trata de un puro más pequeño, entre 127 y 140 mm y cepo 38 a 44, ideal para cuando no se dispone de mucho tiempo.

Panetela ● Normalmente más largos y más finos que los coronas. Su esbeltez deja menos espacio para el tabaco y su riqueza de aromas gana en intensidad. Además, por su menor calibre, su combustión es más fuerte.

Lonsdale ● Se trata de puros más finos que los panatelas y más largos que los coronas.

Rothschild ● Un puro robusto y breve, pues es corto pero grueso, de cepo 50. Resulta muy sustancioso.

Los *figurados* son como las personalidades más llamativas del negocio del tabaco. Cada uno, con sus peculiaridades, añade un toque de calidad al acto de fumar. El pie y la cabeza de estos puros pueden ser tapados o descubiertos, puntiagudos o redondeados. Aunque le parezcan algo cómicos, sepa que suelen incluirse en los humidores de fumadores expertos. Algunos de los mayores formatos de *figurados*, salvo posibles variaciones, son los siguientes:

Perfecto ● La sombra de lo que llegó a ser en su día; los extremos se estrechan, mientras que el cuerpo es abultado por el medio.

Torpedo ● Con la forma y el nombre de un arma, este puro posee la cabeza puntiaguda, el pie cubierto y el cuerpo mediano.

Pirámide ● Puro con la cabeza cubierta y terminada en punta, y un pie ancho y sin cubrir. La primera bocanada resulta inolvidable.

Diadema ● Un monstruo de 204 mm o más y cepo 60, de paredes rectas, cabeza redondeada y, normalmente, con el pie descubierto.

Culebra ● Tres puros largos y finos entrelazados. Las cabezas puntiagudas aparecen separadas, para fumarlas de manera individual.

Belicoso ● De 140 mm y cepo 52, su calibre y su modelado cuello permiten distinguirlo con facilidad.

Los secos

Para ampliar la gama, piense en *pequeño* y *seco*, dos atributos que no ofrecen los puros citados hasta ahora y que pueden parecer indeseables. Los diminutos puros europeos "al estilo holandés" ofrecen al fumador otras ventajas. En paquetes de varios tamaños, resultan cómodos de transportar porque caben en cualquier cajón o bolsillo. Al no precisar humectación alguna, pueden llevarse encima tanto tiempo como sea necesario. Ideales para veladas breves, existen en una amplia variedad de mezclas, desde ligeros y suaves hasta ricos y oscuros.

Los mejores

Lógicamente, de entre todas estas marcas y formatos, ciertos puros son considerados de mejor calidad que otros. En general, los fumadores expertos prefieren los puros con liga de hoja larga y hechos a mano, aunque también pueden estar hechos a máquina y la capa torcida a mano. Por encima de estos, se encuentran los puros con tabaco selecto, tanto en la tripa como en la capa, y que han envejecido durante más tiempo. Los más exquisitos son los más añejos que, al igual que el vino, se componen de tabaco de una única cosecha. Con cajas y anillas propias, los puros añejos llevan el sello de la exclusividad.

La adquisición

Armado con estos conocimientos sobre el color, la tripa y la forma, ya puede empezar a estudiar el aspecto y las características de los puros hasta dar con el suyo. Quizás nunca llegue a adquirir el talento de Sherlock Holmes, que era capaz de identificar un puro por sus cenizas, pero sí puede interpretar las peculiaridades de la capa. Naturalmente, el agujero de un gusano elimina a cualquier candidato. El color debería ser homogéneo, sin manchas, aunque se aceptan las solares. A pesar de que el puro no debe tener excesivos filamentos, los que provienen de las hojas constituyen una parte importante del caracter distintivo del mismo y, a menudo, un indicador de su origen. A modo de ejemplo, mientras que la capa Camerún produce una sensación rugosa al tacto –indicio de la buena calidad del puro– y presenta más filamentos que la Connecticut, ésta posee una textura más lisa. Una capa de brillo aceitoso indica que ha sido bien curada y humedecida. Bajo una humedad del 70%, el tabaco segrega el aceite y adquiere una textura sedosa. Un puro seco, quebradizo o con fisuras en la capa es del todo inaceptable.

La textura de un puro también forma parte de su descripción. Por consiguiente, sujételo con delicadeza (por el pie –y no por la cabeza–, para no dañar la perilla) y combruebe que no presenta ninguna parte dura o blanda, un signo que pondría en evidencia la pobre elaboración de la tripa y afectaría al tiro. El peso puede revelar si el torcido es apretado o suelto y si el tiro, una cuestión muy personal, resultará más o menos fácil. Puesto que no es posible probar un puro en el momento de su compra, llegados a este punto, puede decirse que su busca ha finalizado. Aventúrese.

Independientemente de su experiencia, la compra de un puro constituye toda una aventura, y desde un inicio es probable que desee adquirir más de uno. En este sentido, la petaca, un paquete de cinco unidades, es una buena oportunidad para adquirir varios puros a mejor precio. A pesar de que no es posible examinar su interior con detalle, las petacas de mejor calidad contienen puros exquisitos. También resulta más económico adquirir los puros en cajas de veinte o veinticinco unidades. Examine la caja con detenimiento para asegurarse de que todos los puros son del mismo color, una muestra más de la precisión del fabricante.

En algunos casos, el nombre del puro indica el tipo de estuche en que éste viene guardado. Por ejemplo, un moniker "8-9-8" toma el nombre del método de distribuir los puros en tres filas en el interior de una caja redonda, ocho de ellos en la parte inferior, nueve en el centro y ocho en la parte superior. El término *Amatista* se refiere al recipiente de cristal que contiene cincuenta unidades. También existen los tubos o puros individuales, empaquetados en tubos herméticos de aluminio, cristal o madera. Mientras que la busca del puro perfecto es un proceso enriquecedor que dura toda la vida, estos puros individuales, fáciles de transportar, son perfectos en su modalidad y puede contar con ellos en cualquier momento adecuado para fumar.

CÓMO CORTAR UN PURO
El acto de apertura

*Tengo como norma
no fumar más de un puro
a la vez.*

Mark Twain
en su 70 cumpleaños, tras habérsele recomendado fumar menos

Todo gran placer está precedido de unos rituales preparatorios. Fumar puros tiene muchos: de entrada, el deleite inicial; luego, el simple movimiento de tomar el puro y estimular todos los sentidos mientras lo hace girar con los dedos para sentir su flexibilidad, su consistencia; la fruición de su color y forma; e inhalar, sin prisas, su tentador aroma. El tiempo empleado en estos rituales no es tan sólo un preludio, sino el primer paso hacia la consecución del placer absoluto.

De todos modos, existen algunas acciones que no debe realizar llegado este punto. Así, no hay razón alguna para quitar la anilla, que al fin y al cabo es parte del meticuloso trabajo que diferencia fumar un puro de otros pasatiempos más ordinarios. A parte de criterios estéticos, la anilla puede estar adherida a la capa con pegamento y, si la despega, puede dañar la hoja. Si realmente desea quitar la anilla, espere a que el calor del puro encendido deshaga un poco el pegamento. Ante todo, no se deje llevar por el impulso de lamer el puro, pues no se trata de un helado, un capricho de características muy diferentes. El hábito de lamer los puros se remonta a los tiempos anteriores al humidor y, además de innecesario, resulta también insípido.

Compartir el placer de fumar un puro exige una cierta predisposición a experimentar nuevas posibilidades y aprender técnicas. Éstas empiezan con el corte, la abertura que debe practicarse sin brusquedad en todos los puros de calidad. El corte debe ser plano y respetar la delicadeza con la que se colocó la perilla en la cabeza del puro. Un buen corte garantiza un buen tiro. Las modalidades de corte son: "guillotina", un corte circular y muy preciso alrededor de la cabeza; "en cuña", una incisión en forma de V en la cabeza, y "perfora-

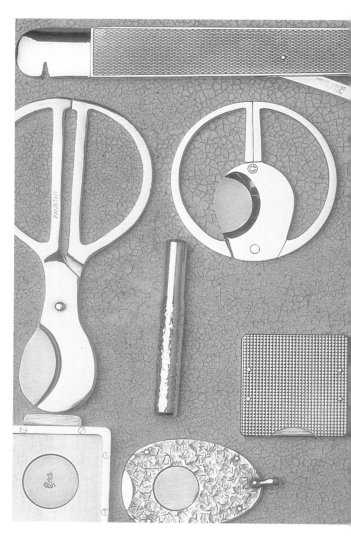

ción", un orificio practicado en el centro de la cabeza. Los instrumentos para cometer este pequeño acto criminal son la guillotina, el cortapuros y el punzón, además de las tijeras especiales para puros, e incluso la navaja, menos sofisticada, pero muy práctica. Sea cual sea el arma, el corte ideal debe ser restringido. Si rebasa la línea que conecta la perilla con la capa, el extremo del puro se deshará y resultará infumable; por lo tanto, corte siempre entre esta línea y el extremo del puro.

De hecho, la guillotina, tan asociada a brutales decapitaciones, es el arma más limpia y civilizada; su eficacia resulta probada tras usar los demás instrumentos.

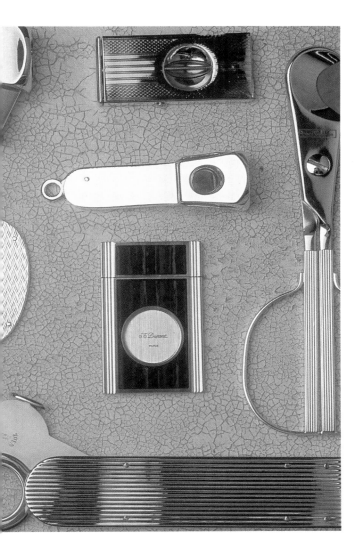

El corte en cuña debería facilitar el tiro, pues la abertura resultante es un ángulo de dos lados. Sin embargo, muy pocos de estos cortapuros realizan un corte limpio y no resultan muy adecuados para cabezas estrechas o puntiagudas, o para puros de gran calibre. Además, afilarlos resulta casi imposible. Por su parte, el punzón no corta, sino que practica un único orificio, y es aquí donde recae la dificultad de su uso, pues los ácidos rancios y líquidos derivados del tabaco pueden concentrarse en dicho orificio y llegar directamente a la lengua. Una vez perforado el puro, es posible que el tabaco se concentre en los lados y en la parte inferior del agujero, lo cual dificultará el tiro. Por todas estas razones, los punzones ya no están de moda. También existen tijeras para puros, pero su uso requiere cierta experiencia, al igual que los cuchillos, que exigen la precisión de un escalpelo para producir un corte limpio en lugar de una simple escisión. Finalmente, el método más accesible consiste en cortar la perilla con la uña, pero debe tener unos dedos muy ágiles para descubrir la fuente por donde emergerá el alma del puro.

El tamaño del corte es tan importante como las dimensiones del puro que escoja, pues afecta al sabor, al tiro, a la duración del puro y, evidentemente, a la calidad de la experiencia. Con una abertura demasiado grande, el humo inhalado resulta demasiado caliente y deja un sabor amargo en la boca. El puro se consumirá con demasiada rapidez, lo que incluso puede ser positivo, ya que fumarlo en estas condiciones le supondría una pérdida de tiempo. Asimismo, una abertura demasiado pequeña tampoco permite disfrutar del puro, porque, al no tirar bien, la cantidad real de humo es mínima y el sabor se hecha a perder debido a la concentración de alquitrán y nicotina. El corte ideal debe ser un poco más pequeño que el diámetro del puro. En este sentido, la guillotina cumple dicha tarea a la perfección.

La guillotina, cuyo aspecto y función hacen justo honor a su nombre, produce un corte limpio, equilibrado y cicular al final del puro, lo cual facilita el tiro e intensifica el sabor. En el mercado existen guillotinas de plástico a buen precio que duran varios meses. Hay modelos de mejor calidad, como el cortapuros de Paul Gamarian, que lleva una hoja de acero Sheffield, o el cortapuros portátil Zino, de Davidoff, de corte rápido y limpio. Sea cual sea el instrumento que escoja, recuerde que una hoja poco afilada dañará el puro. El corte rápido y preciso constituye el objetivo de toda guillotina, tanto si se trata de la que avivó la Revolución Francesa como de la que descubre los placeres del fumar.

CÓMO ENCENDER UN PURO
Combustión lenta

No me pidáis que os describa los encantos
de ensueño o el éxtasis contemplativo en que
nos sumerge el humo de nuestros puros.

Jules Sandeau
Novelista francés

Brindar es un acto de celebración. Encender un puro también supone un brindis, un caluroso brindis. Para encenderlo de modo adecuado, *la llama nunca debe tocar el puro*. El modo de encenderlo determinará su sabor y combustión y, por este motivo, resulta muy importante hacerlo como es debido. Los mejores encendedores son los de gas butano, inodoros e incoloros, mientras que las cerillas largas de madera de cedro son otra buena opción. Nunca opte por mecheros de queroseno o cerillas de cartón con sustancias químicas, porque saquearán su preciado tesoro.

Con un puro en una mano y un encendedor en la otra, da comienzo el ritual que comparten todos los fumadores. Si utiliza una cerilla, espere unos instantes hasta que la llama haya quemado el azufre. *Nunca* sumerja el pie del puro en la llama, pues, de hacerlo, el tabaco se convertirá en carbono y su sabor a quemado permanecerá desde la primera a la última calada. Tampoco sujete el puro con la boca; manténgalo a una distancia de medio centímetro por encima de la llama y formando un ángulo de 45°. Poco a poco, haga girar el puro hasta que el borde del pie se queme por igual y la tripa empiece a secarse.

Encender un puro constituye un arte sutil que requiere paciencia y mucha atención para asegurarse de que todo el borde está encendido. Si el círculo no prende por igual, la combustión tampoco resulta uniforme. En caso de producirse el "efecto túnel", en que una parte se quema más deprisa que la otra, ya no podrá fumar el puro de forma adecuada. Cuando las cenizas rodeen la capa y las espirales de humo empiecen a ascender, eche ligeras bocanadas y gire el puro justo por encima (no dentro) del extremo de la llama, para encen-

der todo el círculo exterior. Si el puro prende bien, la primera calada será la más intensa y gratificante. Saboréela bien.

En ocasiones, incluso un puro que esté bien encendido puede apagarse mientras lo fuma. Si prevé que esto puede ocurrir, sacuda la ceniza y exhale con cuidado para comprobar si el puro se ha apagado. Si no sale humo, caliente primero el pie del puro haciéndolo girar sobre la llama para eliminar el alquitrán y, luego, enciéndalo de nuevo. Al encender el borde de la capa, puede que el puro ya haya prendido. Es posible que un puro encendido dos veces tenga un sabor más fuerte, pero siempre es mejor que no fumarse ninguno.

El acto de encender un puro, pasar de la llama a la primera calada, constituye una de las ceremonias más íntimas del fumar; y para poder disfrutarla plenamente, se precisa habilidad, concentración y delicadeza. El fumador muestra su respeto y apreciación, y el puro responde ofreciendo un instante privado de sumo placer.

EL FUMADOR EXPERTO
El máximo placer

*Saber fumar significa recuperar
ciertos ritmos olvidados, restablecer
la comunicación con uno mismo.*

Zino Davidoff

A menudo se establece una comparación entre el acto de saborear un buen puro y el de catar un buen vino. Naturalmente, los fumadores expertos hablan de "degustar" el sabor del humo. La analogía es adecuada, puesto que las glándulas gustativas son el mejor conductor del placer de un puro. Paladear la complejidad y la lograda combinación de sabores presentes en una calada es comparable al placer que provoca un vino excelente o una comida exquisita.

La primera regla es que nunca debe inhalar el humo

Laurence Sherman muestra cómo encender un puro.

de un puro, sino retenerlo en la boca unos instantes, exhalarlo y observar cómo asciende.

El humo no es un elemento secundario, sino la clave del placer. En él residen el sabor y el aroma de un puro, cuando entra y sale de la boca y deja latente su sabor particular –a nuez, a madera, picante, suave o intenso, un toque acre indescriptible, un toque sublime–, una sensación que no puede expresarse en palabras, sólo en humo, la más efímera de todas las sustancias.

No fume de manera precipitada, sino a intervalos de un minuto aproximadamente, para que el puro no se apague. Hay que prestar cierta atención para mantener el equilibrio entre usted y su puro. Así, es aconsejable calcular el tiempo, pues cuanto más rápido fume, menos placentera será la experiencia. Echar el humo como una chimenea no sólo resulta poco elegante, sino también contrario al propósito de fumar, un placer básicamente contemplativo. Si las caladas son muy frecuentes, el puro se calentará en exceso y tendrá un sabor amargo. Tal y como escribió Auguste Barthelmy en *L'Art de Fume Pipe Cigare* (1849), "El verdadero fumador se abstiene de imitar al Vesuvio." Así es.

Fumar con tranquilidad puede aportarle placer durante más de 45 minutos. Durante este tiempo, la cabeza del puro debería estar lo más seca posible, por lo que debe evitar tenerlo demasiado rato en la boca. Un puro húmedo no sólo parece ofensivo, sino que empieza a perder sabor cuando el alquitrán y la nicotina se mezclan con la saliva. Sujete el puro con firmeza, pero sin apretar, y no lo sostenga en la boca más de un total de tres minutos durante la fumada, pues de lo que se trata es de disfrutar del sabor, no de fumar tabaco húmedo.

Cuando empiece a percibir los matices del sabor, se dará cuenta de que la primera mitad del puro difiere de la segunda. A medida que el puro se consume, el sabor cambia, la cantidad de humo aumenta y en algún momento –diferente en cada caso– el sabor se intensifica, lo que no siempre es positivo. Este momento se produce generalmente tras haber fumado una tercera parte del puro, sea cual sea su calificación. Algunos fumadores expertos perciben el momento en que el puro ha desprendido su verdadera esencia y lo apagan satisfechos, antes de llegar a este punto. Otros, que nunca abandonan, acabarán por tener una sensación desagradable en la boca, cuando el sabor del puro llegue a su máxima agrura; asimismo, el olor que desprenderá no hará más que justificar las quejas de los que se oponen al fumar. En general, las bocanadas que tome una vez el puro empiece a agonizar, no le satisfarán tanto como para hacer frente a las consecuencias.

A lo largo de su vida, corta pero apasionante, los puros dejan atrás la huella de su existencia: la ceniza. Una buena combustión producirá una ceniza larga y firme, mientras que la ceniza en forma de copos es un signo de mala calidad y además ensucia. En el mundo de los puros, se afirma que la ceniza de las vitolas de mayor calidad debe ser blanca. Estéticamente, el color blanco puede resultar agradable, pero en la mayoría de los casos, es un hecho irrelevante. La ceniza es otro indicador de la buena elaboración de un puro y, además, resulta gratificante observar cómo cae con gracia y naturalidad en el cenicero. Para sacudir la ceniza acumulada, tome una calada para encender el pie y dé un golpecito en el cenicero; lo ideal es dar un golpe seco que deje al descubierto el pie del puro bien encendido.

El cenicero debe ser el lugar final de reposo de un puro. Si deja que se apague por sí solo, se consumirá rápidamente y generará el mínimo olor. Apagándolo con los dedos sólo conseguirá dejar más restos de tabaco esparcidos y, con ellos, humos desagradables. El olor a puro fumado y frío no puede considerarse precisamente una fragancia y, por ello, es aconsejable no dejar los puros acabados en lugares cerrados.

Aunque fumar un puro es algo mucho más placentero que la vida cotidiana, en ocasiones se tuerce el curso de los acontecimientos. A veces el puro no tira bien, porque la ligada está demasiado prieta; entonces su sabor es muy inferior y tiene tendencia a apagarse. La tripa puede contener un andullo que bloquee el trayecto del humo. Un "tiro suelto" o un puro con poca tripa corre el riesgo de quemarse y resultar áspero, a causa de la gran cantidad de humo que se generará en muy poco tiempo. Finalmente, puede que un puro se consuma con demasiada rapidez y de modo no uniforme alrededor de la capa, bien a causa de una pobre elaboración o bien de una humectación inadecuada. A pesar de los intentos para reavivarlo, estas situaciones no suelen ser muy esperanzadoras. Lo mejor es transmitir sus quejas al tabaquero que se los vendió. La mayoría de los comerciantes le creerán, pero mientras tanto encienda otro puro, pues el tiempo reservado para fumar es tiempo perdido si lo emplea en otra cosa.

El humidor tras la barra del Restaurante Granville.

UN TIEMPO Y UN LUGAR
PARA FUMAR
Una hora para uno mismo

Aquel que no fuma, o bien no ha conocido grandes pesares
o bien se ha privado del más dulce consuelo
después del celestial.

E.G. Bulwer-Lytton

Caballeros, pueden fumar", proclamó el rey Eduardo VII de Inglaterra en el día de su coronación. Y así, los cortesanos, liberados por fin de la severa prohibición de la madre de Eduardo, la reina Victoria, encendieron sus puros. Todo auténtico fumador siente cada vez esa misma ilusión ante la perspectiva de fumar.

Para la mayoría de los fumadores, los puros constituyen una pasión, no tan sólo una diversión. Hace falta elegir un tiempo y un lugar determinados para fumar un puro, puesto que se trata de un acto que requiere atención y tiempo. Y este tiempo puede ser considerable. Para fumar un Corona se precisan al menos 30 minutos, tal vez más, y para un Churchill, cerca de una hora. Con acierto, se recomienda a los principiantes que de entrada escojan vitolas más pequeñas, de sabor más suave y menor duración. De todos modos, las vitolas de

mayor tamaño suelen resultar más suaves, porque su combustión es más lenta; por esta razón, cada uno debe guiarse por preferencias personales y estilo de vida. Sin embargo, escoja el puro que escoja, la regla principal es disponer del tiempo necesario para fumarlo del modo que éste lo exige y que usted se lo merece.

Ni más ni menos que el precursor del machismo mexicano, Pancho Villa, sugirió públicamente que era una buena idea fumar un puro antes del desayuno, pero cualquier momento del día resulta adecuado, si se tienen ganas. Temprano por las mañanas, la mayoría de los

fumadores prefiere los puros más suaves y ligeros. Un momento agradable para disfrutarlos es después de la comida, como complemento. Así, una comida ligera precisa un puro suave, mientras que otra más sustanciosa requiere uno de sabor intenso. La mayoría de los fumadores no disponen del tiempo necesario para disfrutar de un puro a media tarde, pero de nuevo, es mejor fumar uno suave para que sus papilas se recuperen antes de la cena. Es posible que el sabor de un mismo puro varíe según la hora, el apetito y la condición física y psíquica del fumador, puesto que la alquimia de un puro se fragua en la relación entre éste y el humo.

El mejor momento para disfrutar de un puro es después de la cena, un tiempo destinado a la relajación y a la contemplación, una pausa para hacer balance y renovar el espíritu. Los auténticos fumadores no desestimarían el término "meditación", puesto que un buen puro y los momentos de pausa que requiere fumarlo crean un espacio de quietud e introspección en el agitado ritmo de vida actual. Cuando estos momentos pasan a formar parte de su vida, aumenta el deseo de disfrutarlos, puesto que, además del placer que conllevan, son imprescindibles para renovar su energía interior.

Además de estos momentos de intimidad, existen otras ocasiones más sociables en las que fumar, como las veladas de fumadores en restaurantes, fenómeno que cada día gana más adeptos. Y es que no hay nada como una atmósfera de almas gemelas reunidas en un ambiente refinado de humo, comida y bebida. Los fenómenos sociales más recientes son los clubes de fumadores, como el Hamilton (como es el caso de George), en Beverly Hills, y el Club Macanudo, en Nueva York, donde puede alquilar un humidor, catar las delicias que ha preparado un chef de prestigio e incluso hacer negocios, si todavía dispone de espacio en la agenda.

En privado o en público, sólo o acompañado, donde y cuando desee, fumar es una acto tan personal como la elección de su puro preferido. El único denominador común es que, elija el que elija, un puro es siempre una buena compañía.

LAS CAJAS DE PUROS
Una buena impresión

Lo que este país necesita
es un buen puro de cinco centavos.

Thomas Marshall
Vicepresidente de EEUU, 1919

El libro del buen fumador de habanos es un estudio sobre puros realizado por Zino Davidoff, el fundador del imperio tabaquero que lleva su nombre. La cubierta del libro es una réplica de una caja de puros de madera de cedro con una etiqueta de colores y decoraciones en los márgenes. El motivo despreocupado de la caja no anticipa en absoluto el tono erudito del trabajo, pero el contraste resulta impactante. El libro parece un regalo pasado de moda y, en definitiva, esto es precisamente lo que es una caja de puros, pues el verdadero placer se encuentra en el interior.

La mayoría de puros de calidad se comercializan en cajas de madera de cedro, un material que intensifica su sabor y evita que se sequen. Existen dos tipos de estuches: la caja con bofetón, etiquetas y decoraciones en los márgenes, y la caja "cabinet," con bisagras y clavos de cobre inoxidables, resistentes a la humedad de los humidores de las tabaquerías. Desde el siglo XIX hasta la actualidad, los fabricantes han decorado las cajas con etiquetas diversas; así, personajes ilustres, damas encantadoras, plantaciones de ensueño, insignias con espadas cruzadas y todo tipo de imágenes han embellecido las cajas de puros como si albergaran auténticas joyas en su interior— y, en realidad, las albergan. No obstante, algunas de estas habilitaciones responden a algo más, como en el caso de los Habanos: una vez cerrada la caja, se precinta con una etiqueta blanca y verde, que los identifica como auténticos Habanos. Siguiendo este ejemplo, muchas compañías añaden a sus estuches marcas similares de autenticidad.

Considerando estas características, es importante reconocer los verdaderos símbolos de los Habanos. Antes de que Castro llegase al poder, en la parte inferior de la caja se leía la frase inglesa *Made in Havana-Cuba*. Si

adquiere una caja de puros con esta inscripción, sabrá que es anterior al embargo, pues en las posteriores a 1961 se lee *Hecho en Cuba*. En 1985, el logotipo de Cubatabaco apareció con un código de fabricación que en 1994 se convertiría en *Habanos S.A.*

Aparte del lugar de fabricación, la caja debería llevar información sobre la elaboración de los puros. Así, puede encontrar inscripciones como *Totalmente a mano*, que condiciona el precio de forma decisiva, o *Hecho a mano*, que no especifica el grado de trabajo

manual y que, junto con la etiqueta *Torcido a mano*, puede referirse a los puros elaborados a máquina y torcidos a mano. La etiqueta *Envuelto a mano* indica que el único proceso manual ha sido el empaquetado.

Así, incluso en el placentero mundo de los puros, los compradores deben estar atentos, o al menos, bien informados. El diseño de las cajas, con leones dorados, pájaros hermosos o letras alambicadas, constituye una de las tradiciones más fascinantes del tabaco. Pero para conocer los puros, debe leer las inscripciones de la caja.

CÓMO VALORAR UN PURO
Cuestión de fortaleza

Estoy seguro de que hay muchas cosas mejores
que un buen puro, pero en estos momentos,
no se me ocurre ninguna.

Richard Carleton Hacker
The Ultimate Cigar Book (*El libro definitivo de los puros*)

Imagine que dispone de un puro con un 100% de tabaco, de tripa larga y hecho a mano. Si es verdad que la anticipación es la mitad del placer, ya tiene mucho ganado. De todos modos, como el máximo placer requiere un puro de características determinadas, saber discernir su calidad es muy importante a la hora de escogerlo. Definir el sabor de un puro es algo muy subjetivo: el veredicto sólo depende de usted. Sin embargo, existen ciertas pautas y conclusiones objetivas que le ayudarán a determinar la calidad.

En realidad existe un solo criterio para valorar los puros: la fortaleza, que en todas las áreas de la vida, se define como la capacidad de actuar con eficacia de manera persistente. Lo mismo ocurre con los puros. La fortaleza es el sello de la excelencia, el denominador común en la evaluación de los dos componentes básicos de un puro: la elaboración y el tabaco.

Para evaluar la manufactura de un puro hay que fijarse en el tiro y en la combustibilidad, que dependen de la ligada. Por un lado, si el puro contiene menos tabaco del habitual, tendrá un tiro excesivo, lo que a veces se considera una ventaja; de todos modos, si resulta demasiado fácil inhalar, el puro se consumirá en poco tiempo y la bocanada resultará áspera y caliente, nada agradable. Por otro lado, si el puro contiene un exceso de tabaco, no tirará bien e incluso es posible que tenga un andullo, una parte muy densa que dificulte el tiro. Si el tiro es insuficiente, el volumen de humo disminuye y, con él, el sabor y el aroma, los dos elementos cruciales en un buen puro.

Además del tiro, la combustibilidad del puro debe ser uniforme en toda la fumada, cosa que sucede con los puros de torcido excelente. La ceniza, por su parte, debería ser consistente y llegar a medir tres centímetros de grosor sin desprenderse del puro. El cuerpo del puro debe notarse firme y compacto en la boca, puesto que un puro blando es sinónimo de mala calidad y resultará poco agradable de fumar. Y lo cierto es que tener un puro en la mano debería provocar una sensación de renovación vital. Si bien ninguna de estas características le garantiza la buena calidad del puro, sí que le sirven al menos como criterios para valorar correctamente la manufactura del mismo.

También en lo concerniente al tabaco, la fortaleza es la clave. A parte de la excelente calidad de la mezcla de tabaco y de un proceso adecuado, el grado de fortaleza del aroma y el gusto depende de la capacidad del fabricante para realizar un inventario de los diferentes tipos de tabaco que se emplean en cada mezcla. Puesto que el cultivo del tabaco está muy relacionado con la imprevisibilidad de los factores meteorológicos y de la cosecha, una empresa debe disponer de una provisión de hojas suficiente que permita alternar una cosecha con otra a fin de entremezclarlas de forma gradual y conseguir así una mezcla con *fortaleza.*

Hay que tener muy presente, no obstante, que una única calada no es ninguna prueba fiable. El número de caladas que esté dispuesto a fumar para poder valorar un tipo de puro dependen del tiempo disponible, de su temperamento y de su agenda. Una caja entera de puros sería una elección razonable pero cara. De todas formas, recuerde que lo realmente importante es que tanto el tabaco como la elaboración tengan fortaleza, puesto que el sabor es una valoración del todo subjetiva. Nadie puede establecer si sabe mejor el champán o el chardonnay, la col o el caviar. Lo mismo sucede con los puros: el fumador es quien tiene la última palabra.

ESTRELLAS Y PUROS
Hermanos de humo

El puro es el complemento perfecto
de un estilo de vida elegante.

George Sand

En 1962, pocas horas antes de que el presidente Kennedy decretara el embargo a Cuba, mandó que le trajeran mil Petit Coronas de H. Upmann. Así mismo habrían reaccionado el general Ulysses S. Grant, un incansable fumador de puros, y el senador norteamericano Henry Clay, cuya pasión por los puros quedó inmortalizada en una marca que aún perdura.

Si fuma puros, se encuentra en buena compañía. Considere, si no, los casos de Albert Einstein y Sigmund Freud: el primero estudió el Universo y el segundo, el mundo interior; ambos fumaban puros. La gama de genios fumadores oscila entre personajes como Maurice Ravel, quien compuso música etérea inspirándose en el humo de un puro, hasta Babe Ruth, que fumaba muchísimo y tenía su foto en la capa de un puro de níquel. La Historia nos ofrece fumadores de puros extraordinarios, como el inimitable Winston Churchill, quien, puro en mano, dirigió su país con una fuerte personalidad. Su primer contacto con los puros fue a la edad de 22 años, cuando luchaba en la Guerra hispanoamericana en Cuba y, desde entonces hasta su muerte, a los 91 años, se le atribuye el hecho de haber fumado más de 250.000 puros, unos 4.000 al año. De entre los 3.000 puros de su humidero, sentía especial predilección por el doble corona de cepo 48, que acabó llevando su nombre. Churchill siempre escogía los maduros.

El único gran fumador de puros que sobrevivió a Churchill fue George Burns, quien empezó a fumar a los 14 años e hizo su última bocanada justo después de cumplir los 100 años. Tanto en privado como en público, su fiel compañero era un puro de El Producto, una distinción que compartió con Groucho Marx, quien se asociaba de forma indisoluble con el bigote, las cejas y aquel enorme puro que solía usar para disimular los errores de su abrupta manera de actuar. En una ocasión

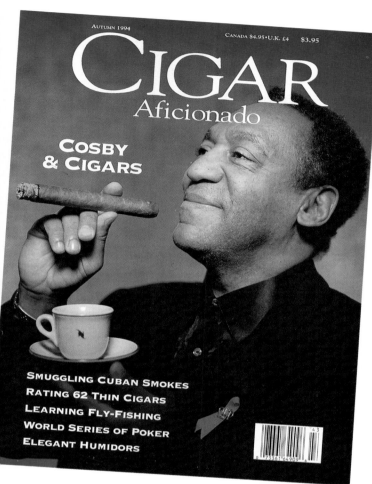

Bill Cosby, condecorado con el puro de la celebridad, en la portada de Cigar Aficionado.

manifestó: "Si uno se salta una línea, lo que debe hacer es meterse el puro en la boca y fumar hasta que recuerde lo que había olvidado". A pesar de que los puros con los que aparecía en pantalla nunca estaban encendidos, Groucho solía fumar dos al día, y sentía predilección por los Dunhill 410.

También Edward G. Robinson, que se abrió camino hacia el estrellato haciendo de gángster y mascando un puro largo y barato, pertenece a la misma escuela de fumadores. Charlie Chaplin lucía un puro para simbolizar al pez gordo y malvado que oprimía al inocente. Los puros sufren un problema de imagen, pero desde luego, este no es el caso cuando el fumador provoca la risa general, como sucede con Bill Cosby. Disfrutando de sus puros con una pasión contagiosa, Cosby convierte el acto de fumar en algo tan americano como el baloncesto. Su entrada en el mundo de los puros no se produjo cuando ya había conseguido éxito y riqueza, sino de joven, cuando pasaba largos ratos en el sótano de la casa con su abuelo, tan sólo para disfrutar de su compañía. En la actualidad, prefiere un doble corona de Hoyo de Monterrey, del que afirma ser su "cubano preferido después de Desi Arnaz".

Que la esposa de Desi, Lucille Ball, fumase puritos no debió soprender a sus fans, pues la veían como a la Lucy chiflada y despechada que aparecía en la pantalla. Y es que no hay nada raro en el hecho de que una mujer fume puros, una experiencia de la que pudieron disfrutar hasta que los nuevas costumbres de la cultura occidental del siglo XIX la convirtieran en un privilegio exclusivamente masculino. En dicho siglo, la historia sólo hace referencia a una única fumadora, George Sand, la gran escritora independiente que en 1867 escribió: "El puro acalla el dolor y puebla la soledad de mil imágenes graciosas."

En la actualidad, existe un incontable número de fumadoras, entre las que se encuentran verdaderas expertas, como Madonna, Whoppi Goldberg y Bette Midler. La top model Linda Evangelista fuma panetelas de Cohiba y la ex modelo, actriz y presentadora de televisión Lauren Hutton, que al principio fumaba puros con nativas de los poblados por donde viajaba, ahora disfruta con los dominicanos H. Upmann de cepo 41. Todas estas mujeres comparten con sus maridos su afición a los puros, un hecho que ya comentó la escritora francesa Colette, de quien se dice que había fumado en la cama: "Si una mujer conoce las preferencias de su marido, incluyendo sus preferencias en cuestión de puros, y si un hombre sabe lo que le gusta a una mujer, estarán bien preparados para enfrentarse el uno con el otro."

Tal vez Rudyard Kipling aceptara la sinergia actual entre mujeres, hombres y puros, y tuviera que revisar la frase que escribió en 1868 en "Los prometidos", una poesía en la que anticipaba el conflicto que se produciría entre su prometida y su amado puro: "No me siento tirano: una mujer no vale lo que vale un habano". Afortunadamente, otros genios de la literatura han hecho comentarios menos machistas sobre los puros.

Somerset Maugham los calificó como el único placer real de la vida, "la única ambición que no conlleva desilusión al satisfacerla". En referencia a los lugares donde no se permitía fumar, el inimitable Mark Twain, fotografiado a menudo con un puro en la mano, sentenció: "Si no puedo fumar en el cielo, no iré".

Muy probablemente, Twain fue al cielo y explicó a Jack Kennedy las normas divinas sobre el tabaco. Aquí en la Tierra, el clan Kennedy no ha perdido la tradición de fumar puros. Un gran aficionado, Arnold Schwarzenneger, está casado con la nieta de Kennedy, María Schriver, y es uno de los propietarios de The Havanna Room, un club privado de fumadores de Beverly Hills. La vida continúa... y mucho mejor si es con un buen puro en la mano.

LOS PUROS EN LA HISTORIA
Una perspectiva

Aquellos caballeros nos ofrecieron unos cigarros...
se trata de hojas de tabaco enrolladas de tal modo
que hacen a la vez de pipa y de tabaco.
Y tanto las damas, como los caballeros,
gustan de fumarlos.

John Cockburn
Viajero inglés en Costa Rica, 1735

En el muro de un antiguo templo maya en Palenque, México, se encuentra el relieve de un hombre fumando. De hecho, también hubiera podido ser el de una mujer, pues todos los mayas fumaban tabaco desde mucho antes de 1492, cuando Cristóbal Colón confundió el Caribe con la India y uno de los miembros de la tripulación descubrió que los "indios" aspiraban hojas de tabaco enrolladas. Los descubridores se llevaron esta costumbre a casa, aunque eso no era precisamente lo que la reina Isabel había deseado al financiar una expedición para enriquecer a su propio país. Más tarde, el nacionalismo, el colonialismo, la guerra y diversas políticas gubernamentales han influido en la historia de los puros. Como todo fenómeno cultural, los puros están sujetos a los cambios sociales y a las imprevisibles oscilaciones del péndulo económico; sin embargo, han sobrevivido durante más de dos mil años y su historia continúa.

Los españoles, junto con los portugueses, fueron los primeros conquistadores del Nuevo Mundo, así como los primeros en apreciar la belleza de los puros y en explotar su producción. El colonialismo español arraigó en América Central y del Sur, territorios donde se cultivaba el tabaco. (Cuba pasó a ser colonia española en 1515.) Los ingleses, por así decirlo, perdieron la partida del tabaco, e Inglaterra fue el primer país en desarrollar una cultura centrada en la pipa con tabaco importado de Virginia, una de sus colonias norteamericanas. Evidentemente, un fumador depende de sus conquistas. Tras el descubrimiento de Colón, hacia 1700, los españoles ya cultivaban tabaco en el hemisferio occidental, producían puros en España y, a través de comerciantes holandeses,

Sala para fumadores en la tabaquería Nat Sherman

los exportaban a tierras tan lejanas como Rusia.

El puro cubano empezó a ser conocido a medida que el mapa mundial cambiaba. Durante el siglo XVIII, con las batallas entre las potencias europeas, el puro atravesó fronteras e invadió nuevas culturas. En 1763, los británicos ocuparon Cuba durante un año, lo que resultó ser más que suficiente para sucumbir al hechizo del Habano. En 1803, cuando Napoleón invadió España,

sus hombres descubrieron los puros cubanos, lo que
estimuló la elaboración de puros franceses propios.

Norteamérica gozó por vez primera de los puros en
1762, cuando Israel Putman, oficial de la armada britá-
nica en Cuba, volvió a su casa de Connecticut con Habanos y una buena reserva de tabaco cubano. Allí los indios cultivaban tabaco desde antes ya de que lo hicieran
los colonizadores, pero la contribución de Putnam fo-
mentó el crecimiento de la que se convertiría en una de

las capas de puros más apreciadas en todo el mundo: la hoja Connecticut de tabaco tapado. A pesar de que más tarde se convirtió en un general de la revolución norteamericana, el recuerdo de Putnam se asocia a la vitalidad que gracias a él adquirieron las tabaquerías de Hartford, en el estado de Connecticut.

Aunque los puros no empezaron a popularizarse hasta la Guerra Civil norteamericana, a finales del siglo XIX Estados Unidos había desarrollado una importante industria tabaquera que usaba tabaco de Cuba y de varios de sus estados. En el último cuarto del siglo XIX, los inmigrantes cubanos, muchos de los cuales huían de la política colonial española, constituyeron una mano de obra altamente calificada. Debido a su proximidad, Florida se convirtió en la meca de los inmigrantes. Ellos hicieron de Key West y Tampa los principales centros productores de puros que iban a saciar el creciente apetito del país. Ni con el breve embargo cubano que impuso la guerra hispano-americana en 1898 se interrumpió el auge de la industria tabaquera.

En este mismo periodo, los puros encontraron tal acogida en Gran Bretaña que la nación se convirtió en el mayor mercado del Habano, siendo sus principales devotos la aristocracia y las clases acomodadas. Cuando el financiero británico Leopold de Rothschild expresó su deseo de tener un puro en consonancia con su gusto y estilo de vida, con el sabor de uno de gran calibre, pero cuya longitud permitiera fumarlo en poco tiempo, la compañía Hoyo de Monterrey lo satisfizo. Así surgió la vitola Rothschild, todavía muy popular. La Inglaterra victoriana, célebre por su elegancia exquisita, perpetuó la imagen del puro como complemento de una vida refinada. Y, si bien fumar en público estaba mal visto, –la reina Victoria lo desaprobaba–, fumar un puro tras la cena en una sala especial para fumadores, se convirtió en una costumbre muy apreciada que aportaba un aire de exclusividad a las reuniones entre caballeros.

En el siglo XX, la historia de los puros se vio sacudida por ciertos acontecimientos que iban más allá del mero acto de fumar. Tras la Primera Guerra Mundial, la industria estadounidense se encontraba al borde del colapso debido a la imparable popularidad de los cigarrillos, mucho más económicos que los puros. Ante este hecho, los fabricantes de puros contraatacaron con la invención de la máquina de puros. Con ella fabricaron puros con tabaco exclusivamente cubano y de gran calidad a un precio tan económico que los fumadores pudieron permitírselos incluso durante la Gran Depresión. Así fue como en los años treinta, a escala mundial, el puro –salvo el Habano hecho a mano– dejó de ser un privilegio de las clases más ricas e influyentes para ponerse al alcance de todos.

Las consecuencias de los cambios que generó la Segunda Guerra Mundial aún permanecen vigentes. Tras la Guerra, el precio de los puros aumentó en Estados Unidos, por lo que las empresas optaron por fabricarlos a máquina y con hojas de tabaco homogeneizadas. Esto comportó la expansión de una gran industria de puros económicos. La Habana, preocupada por la posible pérdida de gran parte de su mercado, mecanizó a su vez la producción y sus puros adquirieron una enorme popularidad en Estados Unidos... hasta que intervino la política. Con Castro en el poder, las fricciones entre Estados Unidos y su vecino comunista pusieron punto final a una relación secular en materia de tabaco.

Como sucede a menudo, perder una oportunidad abre nuevas puertas. Así, con la nacionalización cubana de la industria tabaquera (Cubatabaco) y el embargo decretado por el presidente John F. Kennedy en 1962, otros países decidieron tomar el relevo. Hoy en día, el talento local de la República Dominicana, Honduras y Jamaica y el de los expatriados cubanos se combina con el fin de fabricar puros de calidad, con sabor y carácter distintivos. Asimismo, México, Nicaragua, Ecuador y Brasil han obtenido resultados interesantes; las islas indonesias de Java y Sumatra producen un tabaco excelente y, en África, Camerún cultiva capas de primera calidad. Tanto Estados Unidos como Europa importan hoy en día grandes cantidades de estos productos.

Sin embargo, el puro de calidad y Cuba siguen siendo indisociables para los buenos conocedores, y cualquier reducción de la cantidad de Habanos, por causas políticas o naturales, supone una gran pérdida. A pesar de las apariencias, el gusto de los estadounidenses por el tabaco cubano no ha disminuido, sino que permanece latente. Y la comunidad mundial de fumadores, que comprende a personas de igual parecer, espera con impaciencia futuros cambios políticos en Cuba que faciliten la producción y la disponiblidad de sus puros. En definitiva, la historia de los puros continúa.

PUROS HECHOS A MANO
Listado y valoración

Un puro hecho a mano es como un postre de elaboración compleja: nunca saldrán dos idénticos ni sabrán igual para todos los comensales, unos lo encontrarán sublime, otros simplemente comentarán su buen sabor. Describir y valorar la calidad de un puro es una experiencia parecida, pues el sabor es una cuestión personal. Por lo tanto, sólo se pueden juzgar objetivamente la fortaleza de la mezcla de tabacos, el tiro, la capa y el torcido. Las cuatro calidades diferenciadas en este libro son: superior, excelente, muy buena y buena. Es importante recordar que esta valoración es actual, que las cosechas de tabaco sufren fluctuaciones constantes y que las fábricas tabaqueras también cambian. En la lista que viene a continuación, no figuran todas las marcas, sino las más conocidas en el mercado mundial o las que ofrecen un interés particular, juntamente con una lista de los productos de cada compañía.

ARTURO FUENTE

País República Dominicana

Sabor De medio a fuerte. La serie Hemingway, sometida a un añejamiento adicional de 140 días, resulta más suave.

Calidad Superior

Características La familia Fuente, descendiente del patriarca Arturo, un fabricante de puros en la Cuba de finales del siglo XIX, es la principal productora de puros hechos a mano de la República Dominicana.

Cada año, más de quinientos torcedores elaboran más de 24 millones de puros. El carácter especial de estos puros es fruto de la mezcla de más de cuatro variedades distintas de tabaco en la tripa. En la actualidad, la familia Fuente

Canones

es la máxima productora de hojas para capas de la República Dominicana y ya ha logrado un éxito sorprendente con las capas dominicanas Opus X y Chateau de la Fuente.

Nombre	Vitola	Longitud	Calibre
Canones	Canone	217 mm	52
Chateau Fuente	Robusto	115 mm	50
Churchill	Churchill	184 mm	48
Corona Imperial	Gran Corona	165 mm	46
Curly Head Deluxe	Lonsdale	165 mm	43
Panetela Fina	Panetela Larga	178 mm	38
Chateau de la Fuente	Panetela	152 mm	38
Opus X	Robusto	133 mm	50
Serie Hemingway			
Short Story	Robusto	102 mm	48
Classic	Churchill	102 mm	48
Masterpiece	Gigante	229 mm	52
Signature	Gran Corona	152 mm	47

ASHTON

País República Dominicana

Sabor Rico y medio.
Selección Cabinet : Suave.
Maduro Añejo: Añejo y dulce.

Calidad Superior

Características La elegancia de estos puros es el resultado directo del estilo de su
creador, William Ashton
Taylor, un distinguido
fabricante de pipas
inglés. La peculiar ri-
queza de sus puros es
fruto del añejamiento adicional, del capillo domini-
cano de semillas cubanas y de la capa Connecticut.
El maduro se elabora exclusivamente con las capas
Connecticut más oscuras.

8-9-8

Nombre	Vitola	Longitud	Calibre
Churchill	Doble Corona	194 mm	52
Prime Minister	Churchill	174 mm	48
8-9-8	Lonsdale	165 mm	44
Panetela	Panetela	156 mm	36
Corona	Corona	140 mm	44
Cordial	Panetela Fina	127 mm	30
Magnum	Robusto	127 mm	50
Elegante	Panetela	165 mm	35
Selección Ashton Cabinet Añejo			
N° 1	Gigante	229 mm	52
N° 2	Churchill	178 mm	46
N° 3	Gran Corona	152 mm	46
Ashton Maduro Añejo			
N° 60	Doble Corona	192 mm	52
N° 50	Churchill	178 mm	48
N° 40	Toro	152 mm	50
N° 30	Lonsdale	170 mm	44
N° 20	Corona	140 mm	44

AVO

País República Dominicana

Sabor Medio con un toque de riqueza.

Calidad Superior

Características La marca Avo fue creada en 1986 por el conocido músico Avo Uvezian, empresario estado-unidense de origen libanés que saltó a la fama tras componer la canción "Strangers in the Night". Creados por un auténtico aficionado, los puros Avo se someten a un periodo de añejamiento adicional y sólo se elaboran con capa Connecticut de tabaco tapado y capillo y tripa dominicanos de semillas cubanas.

Nº 4

Nombre	Vitola	Longitud	Calibre
Nº 1	Lonsdale	170 mm	42
Nº 2	Toro	152 mm	50
Nº 3	Doble Corona	192 mm	52
Nº 4	Panetela Larga	178 mm	38
Nº 8	Corona	140 mm	40
Pirámide	Pirámide	178 mm	54
Belicoso	Torpedo	152 mm	50
Petit Belicoso	Torpedo	115 mm	50
Serie XO			
Maestoso	Churchill	178 mm	48
Preludio	Corona Larga	152 mm	40

BACCARAT HAVANA
SELECTION

País Honduras

Sabor Con fortaleza, suave y dulce.

Calidad Excelente

Características Propiedad de una rama de la familia Upmann, la exclusividad de Baccarat es fruto de la liga a base de semillas cubanas, tripa hondureña, capillo mexicano y capa Connecticut de tabaco tapado. Su precio lo convierte en toda una tentación para los que sienten especial predilección por lo dulce.

Luchadores

Nombre	Vitola	Longitud	Cepo
Bonitas	Small Panetela	115 mm	30
Luchadores	Corona Larga	152 mm	43
Polo	Pirámide	178 mm	52
N° 1	Lonsdale	178 mm	44
Churchill	Doble Corona	178 mm	50
Rothschild	Robusto	127 mm	50

BANCES

País Honduras

Sabor Medio con matices dulces.

Calidad Buena

Características Francisco G. Bances, fundador de esta marca en 1840, se sorprendería al encontrar su nombre en los puros hondureños hechos a mano, así como en los mecanizados, que se fabrican en Tampa. Cuando la empresa se trasladó a Tampa en 1959, con reservas de hojas de La Habana, estos puros se convirtieron en los únicos Habanos disponibles en Estados Unidos tras el embargo. En la actualidad, el Bances hecho a mano es un puro hondureño de precio asequible, elaborado con tripa local y una mezcla de tabacos de Ecuador e Indonesia.

Nombre	Vitola	Longitud	Calibre
Brevas	Corona	140 mm	43
Cazadores	Lonsdale	158 mm	44
El Prados	Panetela	158 mm	36
Uniques	Panetela	140 mm	38

Uniques

BAUZA

País República Dominicana

Sabor Medio, con un toque rico y aromático.

Calidad Superior

Características De precio moderado a pesar de su muy buena calidad, los puros Bauza se distinguen por poseer una excelente capa Camerún. La tripa es dominicana y nicaragüense y el capillo, mexicano. La caja de estos puros recuerda al estilo cubano anterior a Castro.

Fabulosos

Nombre	Vitola	Longitud	Calibre
Fabulosos	Doble Corona	192 mm	50
Casa Grande	Churchill	170 mm	48
Grecos	Corona	140 mm	42
Jaguar	Lonsdale	165 mm	42
Florete	Panetela	174 mm	35
Petit Corona	Panetela Corta	127 mm	38

BERING

País Honduras

Sabor Fortaleza media, sabor rico y aroma picante.

Calidad Excelente

Características El Bering, que nació en 1905 en el enclave de Ybor City, en la Tampa, es un puro de confección mecanizada pero torcido a mano que en la actualidad sólo se fabrica en Honduras. Esta marca también produce una amplia gama de puros con capas maduro y candela. La anilla marrón corresponde a los puros de calidad y la roja, a una línea de calidad inferior.

Hispanos

Imperial

Nombre	Vitola	Longitud	Calibre
Grande	Gigante	217 mm	52
Casinos	Lonsdale	181 mm	42
Cazadores	Gran Corona	158 mm	45
Gold Nº 1	Panetela Fina	156 mm	33
Hispanos	Toro	152 mm	50
Inmensas	Lonsdale	181 mm	45
Plazas	Corona Larga	152 mm	43

BOLIVAR

País Cuba

Sabor Fuerte, rico y aromático.

Calidad Superior

Características La cara de Simón Bolívar decora la anilla de estos puros, una imagen que constituye un perfecto identificativo: un hombre de fuerte personalidad para puros de igual carácter. Éstos no están destinados a principiantes, sino a expertos que sepan apreciar su intenso sabor, capas oscuras, tiro excelente y combustión uniforme. Aunque son los habanos más económicos, su sabor es muy intenso. De sabor más suave, los hechos a máquina constituyen una buena opción para principiantes. Es importante distinguir los hechos a mano de los sólo torcidos a mano, antes de adquirir uno.

Belicosos Finos

Nombre	Vitola	Longitud	Calibre
Inmensas	Lonsdale	170 mm	43
Coronas Gigantes	Churchill	178 mm	47
Palmas	Panetela Larga	178 mm	33
Gold Medal Lonsdale	Lonsdale	165 mm	42
Belicosos Finos	Figurado	140 mm	52
Bonitas	Petit Corona	127 mm	40
Royal Coronas	Robusto	124 mm	50
Bolívar (Hechos a máquina)			
Panetela	Small Panetela	127 mm	35
Champions	Petit Corona	140 mm	40
Chicos	Cigarrillo	107 mm	29

BUTERA ROYAL
V I N T A G E

País República Dominicana

Sabor Fortaleza media con un ligero sabor picante.

Calidad Excelente

Características La marca Butera, fundada en 1993 por el tallista Mike Butera, fue en su origen una marca de pipas. Es posible que sea la hoja de Java añeja del capillo la que confiera a estos puros un sabor especial, intensificado por la tripa dominicana de semillas cubanas, la capa Connecticut de tabaco tapado y las virutas de cedro esparcidas en el interior de la caja.

Nombre	Vitolas	Longitud	Calibre
Capo Grande	Churchill	192 mm	48
Dorado 652	Toro	152 mm	62
Cedro Fino	Lonsdale	165 mm	44
Bravo Corto	Robusto	115 mm	50
Cornetta N° 1	Pirámide	152 mm	52
Fumo Dolce	Corona	140 mm	44
Mira Bella	Panetela	170 mm	38

Los puros aparecen reducidos a la mitad.

CASA BLANCA

País República Dominicana

Sabor De lo más suave.

Calidad Superior

Características En un principio, estos puros se crearon para uso exclusivo de la Casa Blanca. Así, se fumaron para celebrar la llegada de Ronald Reagan a la presidencia. Suficientemente grandes para cualquier celebración, los puros Casa Blanca son conocidos por sus dimensiones, en especial, el enorme Jeroboam y el Half Jeroboam. A pesar de su longitud y anchura intimidantes, estos gigantes elaborados con tripa dominicana y brasileña, capillo mexicano y capa Connecticut de tabaco tapado, poseen un sabor muy suave.

Presidente

Nombre	Vitola	Longitud	Calibre
Jeroboam	Gigante	255 mm	66
Half Jeroboam	Corona Gorda	127 mm	66
Magnum	Doble Corona	178 mm	60
DeLuxe	Toro	152 mm	50
Presidente	Doble Corona	192 mm	50
Bonitas	Short Panetela	102 mm	36
Panetela	Panetela	152 mm	36

COHIBA

País Cuba

Sabor Fortaleza media y sabor rico.

Calidad Superior

Características Cohiba, *la* legendaria marca cubana, se creó en 1968 para el uso reservado de unos pocos — muy pocos— privilegiados: Fidel Castro y los diplomáticos y jefes de estado que le visitaban. Una de las muchas historias que existen sobre el origen ilustre de la marca, cuyo nombre indica el término con el que los indios taínos designaban el tabaco, cuenta que su creador fue el primer ministro de industria postrevolucionario de Cuba, Che Guevara, a petición de Fidel Castro. A pesar de que hoy se encuentra al alcance de todos, las leyendas que lo rodean, su elevado precio y su carácter exclusivo lo mantienen como el líder de puros mundial. Una reputación bien merecida. Así, para elaborar los Cohibas, sólo se utilizan las mejores hojas de tabaco de las *vegas* (plantaciones) cubanas más selectas, el tabaco se somete a un periodo de fermentación adicional que intensifica su sabor y el torcido se reserva al torcedor más hábil y experimentado. Además, sólo se producen en cantidades relativamente pequeñas, lo que los convierte en los puros más buscados del mercado. Según datos sobre la exportación cubana, en 1993 sólo se produjeron dos millones de Cohibas. Junto a una oferta escasa, los costes añadidos de la tercera fermentación y un empaquetado selecto (cajas barnizadas y con un sello de la cabeza de un indio cubano) sitúan los Cohibas a la cabeza del mercado, tanto en calidad como en precio. La serie Línea 1492 se creó en 1992 en conmemoración del quinto centenario del descubrimiento de los puros.

Siglo II es de sabor completo y aroma acre y picante.
Siglo III es un corona grande, delicado y elegante.
Siglo IV, ideal tras una comida copiosa y picante, desprende un penetrante aroma a canela.
Siglo V ofrece un sabor rico y equilibrado.

El Espléndido se considera el mejor de los Churchills. Ofrece un sabor muy rico y no se deforma al fumarlo. Disfrutar de un Espléndido supone todo un acontecimiento.

Los Lanceros, de aroma rico y frutal, resultan excelentes tras la cena. Para intensificar su maduración, debería desenvolverlos lo más pronto posible.

Panetelas

Tanto los principiantes como los expertos pueden apreciar el sabor suave de los Coronas Especiales, añejos y de buena combustión. Es aconsejable quitarles el papel de celofán en seguida.

Los Robustos, quizás los mejores de su tamaño y también deliciosos tras la comida, poseen un intenso sabor picante, a madera, café y miel.

El sabor de los Exquisitos no es tan sutil como el de otros Cohibas; aún así, resultan agradables tras la comida.

El aroma intenso y picante de Siglo I recuerda al chocolate y es ideal en caso de no disponer de mucho tiempo.

La línea Panetelas, la variedad más pequeña de panetelas de Cohiba, tiene un carácter algo agresivo y resulta perfecto para acompañar un buen café.

Probablemente, los aficionados a los puros consideran el descubrimiento de América como algo secundario, comparado con el hallazgo de los puros. Los expertos de todo el mundo se reconocen entre si por sostener entre los dedos la distintiva anilla naranja, blanca y negra de los puros Cohiba.

Nombre	Vitola	Longitud	Calibre
Espléndido	Churchill	178 mm	47
Lanceros	Panetela Larga	192 mm	38
Coronas Especiales	Panetela	156 mm	38
Robustos	Robusto	124 mm	50
Exquisitos	Belvedere	126 mm	36
Panetelas	Small Panetela	115 mm	26
Cohiba Linea 1492 Range—Serie Siglo			
Siglo I	Media Corona	102 mm	40
Siglo II	Petit Corona	128 mm	42
Siglo III	Lonsdale	165 mm	42
Siglo IV	Corona Extra	142 mm	46
Siglo V	Gran Corona	170 mm	43

Robustos

Siglo IV

Espléndido

CUBA ALIADOS

País Honduras

Sabor Fortaleza media, con sabor a nuez.

Calidad Excelente

Características El puro "General" de Cuba Aliados, de unos 46 cm y de muy buena calidad, es el puro más grande del mundo. Para producir estos puros de sabor tan intenso, el maestro mezclador Rolando Reyes trabaja con tripa brasileña y dominicana, capillo hondureño de semillas cubanas y capa ecuatoriana de semillas de Sumatra. Están disponibles en los tonos Claro, Doble Claro y Carmelita.

Figurín

Nombre	Vitola	Longitud	Calibre
Pirámides	Pirámide	192 mm	60
General	Gigante	460 mm	66
Palma	Panetela Larga	178 mm	36
Lonsdale	Lonsdale	165 mm	42
Toro	Toro	152 mm	54
Petite Cetro	Short Panetela	127 mm	36
Rothschild	Robusto	127 mm	51
N° 4	Corona Gorda	140 mm	45

CUESTA-REY

País República Dominicana

Sabor Suave

Calidad Superior

Características El nombre Cuesta-Rey es un legado de los fundadores de esta venerable empresa del siglo XIX. En la actualidad, su producción incluye puros Cuesta-Rey mecanizados, elaborados en Tampa, y puros de excelente tripa larga hechos a mano en la República Dominicana. Los puros de la Colección Centennial, que conmemora la fundación de la empresa en 1884, son el resultado de una combinación de tabaco dominicano y brasileño, realizada treinta y cinco días antes del empaquetado en cajas. Las capas son Connecticut y Camerún y los capillos, dominicanos.

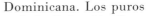

Colección Cabinet Nº 1884

Nombre	Vitola	Longitud	Calibre
Colección Centennial			
Dominicano Nº 1	Gigante	217 mm	52
Dominicano Nº 2	Churchill	184 mm	48
Dominicano Nº 3	Panetela Larga	178 mm	36
Dominicano Nº 4	Lonsdale	165 mm	42
Dominicano Nº 5	Corona	140 mm	43
Captiva (tubo de aluminio)	Corona Larga	156 mm	42
Aristocrat (tubo de cristal)	Churchill	184 mm	48
Cameo	Short Panetela	108 mm	32
Colección Cabinet			
Nº 1	Gigante	217 mm	52
Nº 2	Panetela Larga	178 mm	36
Nº 95	Lonsdale	158 mm	42
Nº 898	Doble Corona	178 mm	49
Nº 1.884	Lonsdale	170 mm	44

DAVIDOFF

País República Dominicana

Sabor Varía según las mezclas realizadas
para las distintas series.
Serie Aniversario: muy suave.
Serie Grand Cru: robusto.
Serie Mil: medio.

Calidad Superior

Características Gracias al conocimiento del mundo de
los puros, la vida de muchas personas es más intensa.
Para Zino Davidoff, los puros *fueron* su vida. Nacido en
Rusia, su fascinación por el tabaco empezó en el estanco
de su padre, cuando aún era un niño. En 1911 la familia
huyó a Ginebra, la cuna del imperio Davidoff, que hoy
en día abarca treinta y cinco países donde las pipas y los
puros se comercializan junto con otros complementos
masculinos de lujo. El romance del joven Zino con los
puros empezó en los años veinte, cuando, al fin de un
viaje a Cuba, acordó crear su propia línea de Habanos.
De regreso a Ginebra, en 1929, Davidoff empezó a im-
portar Habanos. Muy pronto, su tienda se convirtió en
un lugar frecuentado por las élites y otros aficionados a
los puros y, durante la Segunda Guerra Mundial, fue
uno de los pocos establecimientos europeos donde era
posible adquirir Habanos. Su relación con las clases
acomodadas europeas se intensificó a medida que
ampliaba la línea Davidoff con nombres de vinos
famosos. Su prestigioso Habano arrasó en el mercado
de exportación en los años setenta, bajo la dirección de
la empresa Max Oettinger, con sede en Basilea. Las le-
gendarias relaciones con Cuba se mantuvieron hasta
1989 y Davidoff se convirtió en el principal proveedor
mundial de puros. En 1990 empezó a producir puros en
la República Dominicana y, aunque las mezclas son del
todo diferentes, su calidad continúa siendo de las
mejores del mundo. Davidoff falleció en 1994 a los 88
años de edad.

En la actualidad, los Davidoff se comercializan en 35 países diferentes. El control de calidad realizado por Tabacos Dominicanos (Fábrica Tabadom), en Santiago, es uno de los más exigentes de la industria tabaquera, pues se dice que rechaza más vitolas de las que acepta. Todos los puros se someten a un añejamiento de tres semanas y su color debe superar estrictos controles antes de exportarlos a Holanda o Connecticut (para el mercado estadounidense). Antes de su venta, se someten a otra inspección y a un añejamiento de entre año y año y medio. Davidoff es el único fabricante que exige el compromiso expreso de los distribuidores para conservar los puros según las normas de la empresa.

La nueva línea dominicana de Davidoff, de sabor más suave, ha dado como resultado las series Aniversario, Grand Cru y Mil. Las capas Connecticut de tabaco tapado y las hojas dominicanas de la tripa forman un puro de excelente manufactura. Para la creación de las cinco series se utilizan cuatro mezclas diferentes. Los Aniversarios son muy suaves y ligeros, y el cremoso N° 1 resulta ideal incluso por la mañana. Los Grand Cru tienen un sabor fuerte; el Grand Cru N° 1 es de sabor picante y resulta ideal para fumarlo durante el día, mientras que el N° 3 posee fortaleza y sabor a miel, con lo cual resulta muy adecuado para después de comer.

Nombre	Vitola	Longitud	Calibre
Serie Aniversario			
Aniversario N° 1	Gigantes	221 mm	48
Aniversario N° 2	Churchill	178 mm	48
Serie Grand Cru			
Grand Cru N° 1	Lonsdale	156 mm	42
Grand Cru N° 2	Corona	142 mm	42
Grand Cru N° 3	Petit Corona	127 mm	42
Grand Cru N° 4	Petit Corona	118 mm	40
Grand Cru N° 5	Petit Corona	102 mm	40
Serie Special			
Doble R	Doble Corona	192 mm	50
Special R	Robusto	127 mm	50
Special T	Pirámide	152 mm	52
Serie Mil			
1.000	Small Panetela	118 mm	34
2.000	Petit Corona	127 mm	42
3.000	Panetela Fina	178 mm	33
4.000	Corona Larga	156 mm	42
5.000	Gran Corona	142 mm	46
N° 1	Panetela Larga	192 mm	38
N° 2	Panatela	152 mm	38
N° 3	Short Panetela	156 mm	38
Tubos	Panetela	152 mm	38
Ambassadrice	Cigarrillo	118 mm	26

3.000

4.000

Tubos

Grand Cru N° 4

La Serie Mil es de sabor medio; la 4.000, con un matiz a miel, tiene una atractiva capa aceitosa y una combustión lenta. La Serie Special es ideal para después de cenar y aporta elegancia a cualquier ocasión. El Special T destaca por su combustión lenta, un tiro excelente y una integración perfecta de aroma y sabores. El Doble R, también de combustión lenta y envuelto en una atractiva capa carmelita claro, posee un picante aroma herbáceo con matices melosos. Los N° 1, 2 y 3, los Tubos y los Ambassadrice resultan suaves y aromáticos. Debido a su escasez, los Davidoff cubanos poseen un gran valor; ciertos comerciantes europeos especializados venden algunas de estas vitolas. La línea Zino, fabricada en Honduras, se introdujo en Estados Unidos en 1983.

DON DIEGO

País República Dominicana

Sabor De suave a medio.

Calidad Excelente

Características Don Diego ofrece puros con capas claro y carmelita claro, de sabor suave y cuerpo firme. Algunos se elaboran con las dos capas AMS (doble claro) y EMS (carmelita). La tripa y el capillo son dominicanos y las capas son del tipo Connecticut o Camerún, que les confiere un sabor más dulce.

Coronas Bravas

Nombre	Vitola	Longitud	Calibre
Babies	Small Panetela	127 mm	33
Coronas Bravas	Toro	165 mm	48
Coronas Major (en tubo)	Petit Corona	127 mm	42
Grecos	Panetela	165 mm	38
Imperial	Churchill	184 mm	46
Lonsdales	Lonsdale	168 mm	42
Monarchs	Churchill	184 mm	46

DON TOMAS

País Honduras

Sabor De fuerte a medio, con matices de café y moca.

Calidad Superior

Características Las diversas series Don Tomás tienen precios distintos. La más cara es la Internacional, elaborada con una mezcla de tabaco de semillas cubanas y caracterizada por su anilla oblicua. La Edición Especial se compone de tabaco cultivado en Honduras a base de semillas de Connecticut, Cuba y la República Dominicana.

Nombre	Vitola	Longitud	Calibre
Gigantes	Gigante	217 mm	52
Presidentes	Doble Corona	192 mm	50
Imperiales N° 1	Corona Gigante	204 mm	44
Panetelas Largas	Panetela Larga	178 mm	38
Toros	Corona Extra	140 mm	46
Matadores	Corona	140 mm	42
Rothschild	Robusto	115 mm	50
Serie Internacional Don Tomás			
N° 1	Lonsdale	165 mm	44
N° 2	Robusto	140 mm	50
N° 3	Corona	140 mm	42
Edición Especial Don Tomás			
N° 100	Doble Corona	192 mm	50
N° 200	Lonsdale	165 mm	44
N° 500	Corona Extra	140 mm	46

Don Tomás N° 2

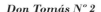

DUNHILL

País República Dominicana

Sabor Fortaleza media y sabor medio.

Calidad Superior

Características Desde 1989, cuando Dunhill empezó a producir en la República Dominicana, la empresa se concentró en los "puros añejos" es decir, puros envejecidos cuyo tabaco proviene de una misma cosecha. El año de la cosecha aparece impreso en la caja, y cada puro se añeja en madera de cedro durante un mínimo de tres meses. Las mezclas añejas se componen de los tabacos Piloto Cubano y Olor, del conocido Valle Cibao, en la República Dominicana; las capas son Connecticut de tabaco tapado. Adornados con la elegante anilla blanquiazul, estos Dunhill ocupan un lugar importante en el mercado mundial. Los puros Dunhill con anilla blanca y negra, producidos en las Islas Canarias, constituyen un producto artesanal de calidad y sabor suave, pero de calibre inferior a los puros dominicanos. También existen pequeños Dunhill "secos" fabricados en Holanda.

Nombre	Vitola	Longitud	Calibre
Centenas	Torpedo	152 mm	50
Cabreras (en tubo)	Churchill	178 mm	48
Peravias	Churchill	178 mm	50
Romanas	Rothschild	115 mm	50
Fantinos	Panetela	178 mm	28
Valverdes	Corona	140 mm	42
Diamantes	Lonsdale	168 mm	42
Samanas	Panetela	165 mm	38

Nombre	Vitola	Longitud	Calibre
Dunhill (Islas Canarias)			
Panetelas	Panetela Fina	152 mm	30
Lonsdale Grandes	Lonsdale	192 mm	42
Coronas	Corona	140 mm	43

Centenas

EL REY DEL MUNDO

País Cuba

Sabor Suave con un sutil aroma.

Calidad Superior

Características La atrevida denominación "El Rey del Mundo", en referencia a su calidad, no deja de tener cierta justificación. Fundada en 1848, esta marca produce una amplia selección de puros. Por su carácter suave, estos puros resultan ideales para fumar durante el día, a la vez que constituyen una buena introducción a los cigarros cubanos.

Lunch Club

Gran Corona

Nombre	Vitola	Longitud	Calibre
Taínos	Churchill	178 mm	47
Choix Supreme	Robusto	127 mm	48
Lonsdale	Lonsdale	165 mm	42
Grandes de España	Panetela Larga	193 mm	38
Elegantes	Panetela Fina	174 mm	28
Petit Coronas	Petit Corona	128 mm	42
Coronas de Luxe	Corona	141 mm	42
Lunch Club	Très Petit Corona	102 mm	42
Gran Corona	Gran Corona	140 mm	46

EL REY DEL MUNDO

País Honduras

Sabor Fuerte e intenso.

Calidad Superior

Características Los puros producidos en Honduras con el nombre de El Rey del Mundo, de sabor mucho más fuerte que los de la marca homónima cubana, se presentan en cuarenta y siete variedades y en formas muy diversas, incluso en tubos. El intenso sabor de estos puros procede de la mezcla hondureña de la tripa y el capillo y de una capa ecuatoriana con semillas de Sumatra. Esta compañía produce asimismo puros más suaves, entre los que destacan los de tripa dominicana, capillo hondureño y capa Connecticut.

Nombre	Categoría	Longitud	Calibre
Robusto Zavalla	Robusto	127 mm	54
Tino	Panetela	140 mm	38
Rectangulares	Gran Corona	142 mm	45
Flor de Llaneza	Torpedo	165 mm	54
Principales	Churchill	204 mm	47
Cedars	Londsdale	178 mm	43
Serie suave con tripa dominicana			
Robusto Zavalla	Robusto	12 mm	54

Flor de Llaneza

FONSECA

País Cuba

Sabor Fortaleza media y sabor suave.

Calidad Muy bueno

Características La marca cubana Fonseca produce tan sólo cinco puros, cuatro de ellos, a mano. De carácter ligero y suave, estos puros resultan ideales para principiantes. El N° 1 es quizás el más suave de todos los Lonsdales cubanos, un puro con un buen equilibrio entre fortaleza y sabor. Su característica más singular reside en el papel blanco que los envuelve, que les da un aspecto muy acorde con la delicadeza de su sabor. Estos puros se encuentran mayoritariamente en España y Suiza.

Nombre	Vitola	Longitud	Calibre
Invictos	Figurado	133 mm	45
Fonseca Nº 1	Lonsdale	155 mm	44
Cosacos	Corona	140 mm	42
K.D.T. Cadetes	Demi Tasse	103 mm	36

Cosacos

FONSECA

País República Dominicana

Sabor Fortaleza media y sabor suave.

Calidad Excelente

Características Los puros de la marca dominicana Fonseca se elaboran con tripa dominicana especial, capillo mexicano y una selección de capa Connecticut, natural o maduro. El torcido de la vitola Pirámide, de sabor intenso, es de una precisión extraordinaria.

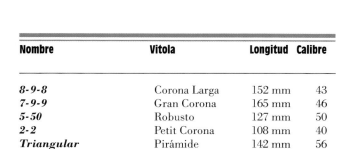

5-50

Nombre	Vitola	Longitud	Calibre
8-9-8	Corona Larga	152 mm	43
7-9-9	Gran Corona	165 mm	46
5-50	Robusto	127 mm	50
2-2	Petit Corona	108 mm	40
Triangular	Pirámide	142 mm	56

GRIFFIN'S

País República Dominicana

Sabor Fortaleza media y cierto sabor picante.

Calidad Superior

Características Elegante y a un precio muy atractivo, la marca Griffin está constituida por puros de primera calidad, con una liga compuesta de tres tabacos dominicanos de calidad superior. El capillo es igualmente dominicano y la capa, Connecticut. Por su suavidad resultan especialmente adecuados para fumar de día. Davidoff posee la exclusiva de la distribución, a raíz de un acuerdo con Zino realizado en Ginebra.

N° 400

Nombre	Vitola	Longitud	Calibre
Prestige	Gigante	192 mm	50
Privilege	Panetela Fina	127 mm	32
N° 100	Panetela Larga	178 mm	38
N° 200	Lonsdale	178 mm	43
N° 300	Corona Larga	158 mm	43
N° 400	Panetela	152 mm	38

H. UPMANN

País Cuba

Sabor Fortaleza media y sabor suave.

Calidad Superior

Características Herman Upmann fue un banquero europeo que en 1844 transformó su pasión por los puros en una empresa en Cuba. Durante cuarenta años, la familia obtuvo un éxito importante en el mundo bancario y tabaquero y, hasta la actualidad, la marca ha conservado su prestigio y se ha convertido en toda una leyenda. La fábrica, una de las más antiguas de Cuba, nunca ha detenido su actividad. Es preciso saber que H. Upmann produce

Corona Amatista

Sir Winston Churchill

una gran cantidad de puros, muchos de ellos a máquina (distribuidos incluso en tubos) y de menor calidad que los hechos a mano. Gran Bretaña sólo importa los Upmann hechos a mano.

Nombre	Vitola	Longitud	Calibre
Magnum	Corona Gorda	146 mm	43
Sir Winston	Churchill	178 mm	47
Super Corona	Gran Corona	140 mm	46
Culebras	Culebra	146 mm	39
Cristales	Corona	135 mm	42
Connoisseur N° 1	Robusto	138 mm	48
Cinco Bocas	Lonsdale	165 mm	42
Kings	Petit Corona	128 mm	42
Amatista	Corona	146 mm	40
Selección Suprema	Panetela Larga	178 mm	33
Upmann N° 1	Lonsdale	165 mm	42
Upmann N° 2	Pirámide	156 mm	52

H. UPMANN

País República Dominicana

Sabor De suave a mediano con matices dulces.

Calidad Superior

Características El puro H. Upmann dominicano es de fortaleza variable y sabor más bien dulzón. Hace poco se sustituyó la tradicional capa Camerún por la Indonesia, pero el capillo y la tripa siguen siendo dominicanos de semillas cubanas. Esta empresa produce una selección de puros de gran calidad, en tubo y humedecidos. En la etiqueta de los Upmann dominicanos aparece la inscripción "H. Upmann, 1844", y en los producidos en la Habana, "H. Upmann Habana".

Lonsdales

Nombre	Vitola	Longitud	Calibre
Lonsdales	Lonsdale	169 mm	42
Amatista	Corona Larga	150 mm	42
Churchills	Gran Corona	142 mm	46
Coronas Imperiales	Churchill	178 mm	46
Emperadores	Churchill	198 mm	46
Extra Finos Gold (en tubo)	Panetela	170 mm	38

HENRY CLAY

País República Dominicana

Sabor Fortaleza media a fuerte.

Calidad Muy buena

Características En el primer cuarto del siglo XIX, el estadounidense Henry Clay fue congresista, portavoz del Gobierno, senador y secretario de estado. Los tres puros que llevan su nombre, aunque no tan numerosos como sus cargos, gozan casi del mismo prestigio. De origen cubano pero dominicanos en la actualidad, estos puros se componen de tripa y capillo dominicanos y capa Connecticut de hoja ancha y color oscuro. La fábrica cubana, que surgió cuando Clay se dedicaba a la política, figura todavía en las etiquetas de las cajas. En Europa se distribuyen mezclas distintas de las que se venden en Estados Unidos.

Nombre	Vitola	Longitud	Calibre
Brevas	Corona	140 mm	42
Brevas a la Conserva	Corona Gorda	142 mm	46
Brevas Finas	Churchill	165 mm	48

Brevas Finas

HOYO DE MONTERREY

País Cuba

Sabor Fortaleza media y sabor suave.
La serie Le Hoyo resulta más fuerte.

Calidad Superior 🍃🍃🍃

Características Hoyo de Monterrey es un pequeño valle situado en Vuelta Abajo, el supremo territorio de cultivo de tabaco de la provincia de Pinar del Río. La fábrica que tomó el nombre de este valle se fundó en 1867, lo que la convierte en una de las más antiguas de Cuba. En la actualidad, esta marca, una de las primeras creadas en Cuba, produce puros de sabor bastante suave. La serie Le Hoyo posee una mayor fortaleza.

Le Hoyo du Auphin

Nombre	Vitola	Longitud	Calibre
Particulares	Gigante	242 mm	47
Churchill	Churchill	178 mm	47
Concorde	Churchill	178 mm	47
Super Selection Nº 1	Lonsdale	156 mm	42
Opera	Corona	141 mm	42
Odeón	Panetela	135 mm	38
Versailles	Panetela Fina	171 mm	33
Jeanne D'Arc	Panetela	143 mm	35
Le Hoyo du Roi	Corona	141 mm	42
Le Hoyo du Prince	Petit Corona	130 mm	42
Le Hoyo du Auphin	Corona Especial	178 mm	38

HOYO DE MONTERREY

País Honduras

Sabor Fortaleza media a fuerte y sabor intenso.

Calidad Superior

Características De sabor mucho más completo que la marca cubana del mismo nombre, el Hoyo de Monterrey hondureño tiene tripa dominicana compuesta de semillas nicaragüeñas, hondureñas y cubanas, capillo Connecticut y capa Sumatra cultivada en Ecuador. Esta combinación, más rica que la suma de sus partes, da lugar a un puro de gran fortaleza. A diferencia de la anilla roja cubana, la hondureña es de color marrón. Existe otra serie de sabor bastante distinto que se comercializa en Estados Unidos con el nombre de Hoyo de Monterrey Excalibur, que en Europa se conoce simplemente como Excalibur.

Nombre	Vitola	Longitud	Calibre
President	Gigante	217 mm	52
Sultán	Doble Corona	184 mm	54
Governor	Toro	207 mm	50
Café Royale (en tubo)	Corona	142 mm	43
Churchill	Gran Corona	158 mm	45
Cuban Largos	Churchill	184 mm	47
Dreams	Gran Corona	146 mm	46
Super Hoyos	Corona	140 mm	44
Culebras	Culebras	152 mm	35
Nº 55	Corona	133 mm	43
Delights	Panetela	158 mm	47

J. R. ULTIMATE

País Honduras

Sabor Fuerte y al estilo habano.

Calidad Superior

Características La empresa norteamericana J.R. Tobacco Company of America, un homenaje a la capacidad emprendedora de su fundador Lew Rothman, vende al por mayor, al detalle y por correo; así controla un alto porcentaje de todos los puros de calidad que se venden en Estados Unidos. La razón de ser de la empresa es la competitividad de sus precios, aunque también produce algunos puros de calidad. Los J.R. Ultimates, elaborados con tabacos hondureños de semillas cubanas y capas en múltiples tonos, tienen la ventaja de haber sido envejecidos durante un año. La empresa, que también fabrica puros en la República Dominicana, produce dos series más, Special Coronas and Special Jamaicans, ambos más suaves que los J.R. Ultimates.

Corona

Nombre	Vitola	Longitud	Calibre
Cetro	Lonsdale	178 mm	42
Corona Tubos			
(en tubo)	Gran Corona	142 mm	45
Estelo Individual	Gigante	170 mm	58
N° 1	Doble Corona	184 mm	54
N° 5	Corona Larga	156 mm	44
Padrón	Toro	152 mm	54
Rothschild	Robusto	115 mm	50
Super Cetro	Corona Gigante	210 mm	43

JOYA DE NICARAGUA

País Nicaragua

Sabor Medio con cierto toque picante.

Calidad Muy buena

Características Gracias a la buena calidad del suelo en que se cultivan, los puros nicaragüenses fueron considerados lo más parecido a un Habano, pero la historia más reciente, con sus guerras y giros políticos, ha perjudicado bastante a esta empresa. Actualmente, los puros de "Joya de Nicaragua" mejoran a medida que el país se estabiliza. La tripa y el capillo son tabacos de semilla cubana cultivados en Nicaragua y la capa es de hoja Connecticut. Se prevé que, una vez los campos estén en perfectas condiciones, esta compañía, fundada por expatriados cubanos, producirá puros de gran calidad.

Viajante

Nombre	Vitola	Longitud	Calibre
Presidente	Doble Corona	192 mm	50
Nº 1	Lonsdale	169 mm	44
Nº 5	Panetela	174 mm	35
Nº 6	Toro	152 mm	52
Viajante	Gigante	217 mm	52

JUAN CLEMENTE

País República Dominicana

Sabor Fortaleza media y sabor complejo. El Club Selection es más robusto.

Calidad Superior

Características En 1982, el francés Jean Clement empezó a producir puros en la República Dominicana bajo el nombre español de Juan Clemente. El singular proceso de elaboración de esta empresa da como fruto puros excelentes y, a su vez, difíciles de encontrar. Clement prefirió no organizar su negocio según el programa gubernamental destinado a reducir los impuestos y facilitar la exportación. Así, esta compañía, que produce tan sólo 450.000 puros al año, los vende en su mayor parte a los turistas y muy pocos al resto del mundo. Gracias a sus reducidas dimensiones, puede adquirir tabacos de gran calidad que sólo se venden en pequeñas cantidades y que las grandes compañías no pueden comprar. Además, la tripa se compone de 4 tabacos distintos, lo que le confiere un sabor complejo e interesante. El capillo es dominicano y la capa, de hoja Connecticut. Para distinguir los puros Juan Clemente, fíjese que no llevan la anilla tradicional, sino una banda plateada alrededor del pie.

Panetela

Nombre	Vitola	Longitud	Calibre
Gran Corona	Corona Larga	152 mm	42
Panetela	Panetela	165 mm	34
Especiales	Panetela Larga	192 mm	38
530	Small Panetela	127 mm	30
Gargantúa	Gigante	331 mm	50
Club Selection Nº 3	Lonsdale	178 mm	44

JUAN LOPEZ

País Cuba

Sabor Suave

Calidad Excelente

Características La compañía Juan López es una pequeña y antigua empresa cubana que sólo produce seis formatos de puros. Sus vitolas son especialmente ligeras, para tratarse de Habanos, con lo cual resultan más apropiadas para fumar durante el día.

Nombre	Vitola	Longitud	Calibre
Corona	Corona	142 mm	42
Slimaranas	Small Panetela	126 mm	34
Petit Corona	Petit Corona	131 mm	42
Patricias	Media Corona	118 mm	40
Selection Nº 2	Robusto	124 mm	50

Petit Corona

LA CORONA VINTAGE

País República Dominicana

Sabor De suave a medio.

Calidad Excelente

Características La Corona es una antigua marca cubana, sin continuidad en su país. Actualmente, los puros selectos de La Corona se elaboran en la República Dominicana con tripa y capillo dominicanos y capa Connecticut. No obstante, en Cuba todavía se producen algunos puros La Corona mecanizados; por ello, es importante distinguirlos de las vitolas añejas dominicanas, hechas a mano.

Nombre	Vitola	Longitud	Calibre
Directores	Gran Corona	165 mm	46
Aristócratas	Panetela	156 mm	38
Chicas	Corona	140 mm	42
Coronas	Corona Larga	152 mm	43

LA FLOR DE CANO

País Cuba

Sabor Suave con un toque más bien dulce.

Calidad Superior

Características La Flor de Cano produce nueve puros, cinco hechos a mano y cuatro hechos a máquina; es preciso fijarse bien para diferenciarlos. El Short Churchill es el modelo más destacable.

Predilectos Tubulares

Nombre	Vitola	Longitud	Calibre
Diademas	Churchill	178 mm	47
Gran Coronas	Corona Gorda	142 mm	47
Selectos	Corona	150 mm	41
Short Churchill	Robusto	124 mm	50
Predilectos Tubulares	Petit Corona	127 mm	42

LA GLORIA CUBANA

País Cuba

Sabor Medio, con cierto punto picante y añejo.

Calidad Superior

Características La Gloria Cubana es una mítica marca cubana (famosa por su anilla amarilla) que fue recuperada veinte años atrás y ahora produce puros al alcance de todo tipo de fumadores. Muchos de ellos resultan ideales para fumar de día. El puro Medaille d'Or, que se produce en cantidades reducidas, se vende en atractivos estuches 8-9-8 barnizados.

Nombre	Vitola	Longitud	Calibre
Taínos	Churchill	178 mm	47
Cetros	Lonsdale	165 mm	42
Sabrosos	Lonsdale	156 mm	42
Tapados	Corona	136 mm	42
Minutos	Media Corona	116 mm	40
Medaille d'Or Nº 4	Panetela Fina	174 mm	32

Medaille d'Or Nº 4

LA GLORIA CUBANA

País Estados Unidos

Sabor Fuerte, pero con un gran equilibrio entre fuerza y sabor.

Calidad Superior

Características Ernesto Crarillo, nacido en Cuba, ostenta el mérito de haber convertido La Gloria Cubana americana en un puro extraordinario. Muchos fumadores consideran estos puros como lo más parecido a un Habano, por su sabor, calidad y textura. La tripa se compone de una mezcla de tabacos dominicanos, brasileños y norteamericanos; el capillo es nicaragüense y la capa, de hoja de Sumatra cultivada en Ecuador. La capa de la variante maduro es hoja Connecticut ancha.

Medaille d'Or Nº 3

Nombre	Vitola	Longitud	Calibre
Soberano	Gigante	204 mm	52
Charlemagne	Doble Corona	184 mm	54
Glorias Inmensas	Churchill	192 mm	48
Minutos	Small Panetela	115 mm	40
Medaille d'Or Nº 3	Cigarrito	172 mm	28

MACANUDO

País Jamaica

Sabor Suave y fino.

Calidad Superior

Características En lenguaje coloquial, *Macanudo* significa "magnífico" y muchos fumadores consideran que estos puros se merecen dicho calificativo. Se trata de la marca que más vende en Estados Unidos y su historia está repleta de colaboraciones con Cuba, Jamaica y Gran Bretaña. Actualmente, los Macanudos se producen tanto en Jamaica como en la República Dominicana, pero por su gran fortaleza y por la perfección de su mezcla, resulta imposible reconocer el país de origen de cada uno de los puros. Todos llevan tripa jamaicana, dominicana y mexicana, capillo mexicano y capa Connecticut. Su sabor se completa con un largo proceso de añejamiento. Existe una selección de capas: jade marrón-verdoso (candela), de sabor suave; marrón claro, de sabor medio; y un rico maduro, de hoja mexicana. La colección añeja posee un sabor fuerte y es más cara que el resto de las vitolas de esta marca, cuyo precio es ya de por sí elevado.

Nombre	Vitola	Longitud	Calibre
Ascot	Small Panetela	106 mm	32
Caviar	Short Panetela	102 mm	36
Claybourne	Panetela Fina	152 mm	31
Lord Claridge	Panetela	140 mm	38
Duke of Devon	Corona	140 mm	42
Portofino (en tubo)	Panetela Larga	178 mm	42
Hampton Court (en tubo)	Corona	147 mm	43
Hyde Park	Robusto	140 mm	49
Barón de Rothschild	Lonsdale	165 mm	42
Pyramid	Torpedo	165 mm	52
Crystal (en tubo)	Robusto	140 mm	50
Duke of Wellington	Panetela Larga	217 mm	38
Trump	Gran Corona	165 mm	45

Hyde   Hampton   Crystal
Park   Court

Duke of Wellington

Nombre	Vitola	Longitud	Calibre
Selección Cabinet Añejo			
I	Doble Corona	192 mm	49
II	Lonsdale	165 mm	43
VII (en tubo)	Robusto	140 mm	50
Pyramid	Pirámide	165 mm	52

MONTECRISTO

País Cuba

Sabor Medio a fuerte, con un toque picante y aromático.

Calidad Superior 🍂 🍂 🍂

Características Montecristo, una marca cubana fundada en los años treinta, fue considerada como la más selecta del país hasta que en 1968 se creó Cohiba. Hoy en día, Montecristo sigue vendiendo más que cualquier otra marca cubana, superando los treinta millones de unidades. En España, la mayoría de los Habanos a la venta corresponden a esta marca; en Francia, ocupan una gran parte del mercado, y en Gran Bretaña y Suiza, son igualmente populares. Inconfundibles por su capa carmelita claro, ligeramente aceitosa, los Montecristo poseen un sabor picante único. Su caja es casi tan célebre como su sabor: el atractivo diseño de las espadas cruzadas y la flor de lis hacen referencia a *El conde de Montecristo*, la célebre novela de Alejandro Dumas.

Montecristo No. 2

Montecristo No. 3

Nombre	Vitola	Longitud	Calibre
A	Gran Corona	242 mm	47
Tubos	Lonsdale	156 mm	42
Especial Nº 1	Panetela Larga	193 mm	38
Montecristo Nº 1	Lonsdale	165 mm	42
Montecristo Nº 2	Panetela	152 mm	38
Montecristo Nº 3	Corona	142 mm	42
Montecristo Nº 4	Petit Corona	129 mm	42
Montecristo Nº 5	Media Corona	102 mm	42
Joyitas	Demi Tasse	150 mm	26

MONTECRUZ

País República Dominicana

Sabor Medio a fuerte.

Calidad Superior

Características Montecruz, como tantas otras marcas de calidad, pertenece a productores cubanos que huyeron de su país para establecerse en otras tierras. En este caso, la familia Menéndez, fundadores de Montecristo, emigraron a las Islas Canarias y crearon una marca de diseño, gusto y calidad similares al modelo original. Actualmente, Montecruz se produce en la República Dominicana y es conocida sobre todo por su línea de puros con capas Camerún, "Sun Grown". La tripa es fruto de una combinación de varios tabacos brasileños y de los dominicanos Piloto Cubano y Olor; el capillo también es dominicano. Además de la capa Camerún, cultivada al sol, lleva una capa Connecticut, de tabaco tapado y color natural claro. La mezcla de la tripa está pensada para completar el sabor de ambas capas; de ellas, la variante Connecticut es la más ligera.

Nº 201

Nombre	Vitola	Longitud	Calibre
Nº 200	Churchill	184 mm	46
Nº 201	Gran Corona	158 mm	46
Nº 210	Lonsdale	165 mm	42
Nº 220	Corona	140 mm	42
Nº 250	Panetela	165 mm	38
Nº 280	Cigarrito	178 mm	28
A	Lonsdale	165 mm	43
F	Churchill	184 mm	47
Cedar Añejo	Petit Corona	127 mm	42
Tubulares (en tubo)	Panetela	156 mm	36

ONYX

País República Dominicana

Sabor Suave.

Calidad Muy buena

Características Esta marca salió al mercado en 1992, y su principal atractivo es la capa mexicana de la variante maduro. El capillo es de hoja de Java, mientras que la tripa se compone de tabacos mexicanos y de las variedades dominicanas Olor y Piloto Cubano.

Nº 650

Nombre	Vitola	Longitud	Calibre
Nº 642	Corona Larga	152 mm	42
Nº 646	Gran Corona	169 mm	46
Nº 650	Toro	127 mm	50
Nº 852	Gigante	204 mm	52

OSCAR

País República Dominicana

Sabor Medio.

Calidad Excelente

Características Existen tan sólo seis Oscars, pero este pequeño grupo abarca todas las posibilidades para disfrutar de un buen puro, desde el gran Don Oscar, de 229 mm y cepo 46, hasta el Oscarito, pequeño, pero de sabor agradable y fuerte. La tripa y el capillo son tabacos dominicanos de gran calidad, mientras que la capa es de hoja Connecticut. Existe una línea de puros más fuertes especial para Europa.

Nº 600

Nombre	Vitola	Longitud	Calibre
Don Oscar	Gigante	229 mm	46
Nº 200	Lonsdale	178 mm	44
Nº 300	Corona Larga	158 mm	44
Nº 500	Robusto	140 mm	50
Nº 600	Robusto	115 mm	50
Nº 700	Pirámide	178 mm	54
Oscarito	Cigarrito	102 mm	20
Prince	Short Panetela	127 mm	30

PARTAGAS

País Cuba

Sabor Fuerte, con un ligero toque acre.

Calidad Superior

Características Fundada alrededor de 1840 por Don Jaime Partagás, esta marca de puros es una de las más antiguas. Actualmente, la compañía produce cincuenta y ocho vitolas: veintiocho hechas a mano; treinta, a máquina, y veinticinco, hechas a máquina y torcidas a mano. Las primeras son las más selectas, así que, fíjese bien en el método de elaboración. Más de 150 años después, estos puros siguen elaborándose en la misma fábrica, ubicada en la ciudad de La Habana.

Serie du Connaisseur Nº 4   *Partagás de Partagás Nº 1*   *8-9-8*   *Lusitania*

Nombre	Vitola	Longitud	Calibre
Lusitania	Doble Corona	194 mm	49
Churchill Deluxe	Churchill	178 mm	47
Presidente	Gran Corona	156 mm	47
Partagás de Partagás Nº 1	Gran Corona	170 mm	43
Partagás 8-9-8	Lonsdale	156 mm	42
Serie du Connaisseur Nº 1	Panetela Larga	193 mm	36
Coronas "A" Mejorado	Corona	142 mm	42
Serie du Connaisseur Nº 4	Robusto	124 mm	50
Très Petit Coronas	Media Corona	116 mm	40
Lonsdale	Lonsdale	165 mm	42

PARTAGAS

País República Dominicana

Sabor Medio a fuerte, rico y con un ligero toque dulce.

Calidad Superior

Características El gran sabor de estos puros es la suma de los tabacos dominicano, jamaicano y mexicano de la tripa, el capillo mexicano y la capa Camerún. Para celebrar el 150 aniversario de la marca, se ha lanzado la Serie Signature, de producción limitada y con capas de hoja Camerún añeja, que se vende en estuches de veinticinco, cincuenta y cien unidades. La versión cubana de Partagás lleva la palabra "Habana" en la anilla, mientras que en la dominicana se lee "Partagás 1845".

Nombre	Vitola	Longitud	Calibre
Puritos	Small Panetela	106 mm	32
Nº 3	Corona	133 mm	43
Robusto	Robusto	115 mm	49
Nº 2	Corona	147 mm	43
Nº 1	Lonsdale	170 mm	43
Sabroso (en tubo)	Corona Larga	150 mm	44
Tubos (en tubo)	Panetela Fina	178 mm	34
Almirantes	Gran Corona	158 mm	47
8-9-8	Lonsdale	174 mm	44
Reserve Royale Limitada	Lonsdale	170 mm	43
Reserve Regale Limitada	Gran Corona	158 mm	47

8-9-8

Almirantes

PAUL GARMIRIAN

País República Dominicana

Sabor Medio a fuerte, con un suave toque picante.

Calidad Superior

Características Los puros P.G. de Paul Garmirian son la obra de un auténtico aficionado que dio rienda suelta a su pasión para crear una empresa propia. Empezó en 1991 y ahora sus puros, producidos en cantidades reducidas, son ampliamente reconocidos. Comparables en muchos aspectos a los Habanos más selectos, los P.G. se caracterizan por su capa Connecticut de tabaco tapado, color carmelita, y tripa y capillo dominicanos. Garmirian es el autor de *The Gourmet Guide to Cigars (La guía de puros del gourmet)*.

Petit Bouquet

Nombre	Vitola	Longitud	Calibre
P.G. Celebration	Gigante	229 mm	50
P.G. Belicoso	Torpedo	158 mm	52
P.G. Churchill	Churchill	178 mm	48
P.G. Nº 1	Panetela Larga	192 mm	38
P.G. Corona Grande	Gran Corona	165 mm	46
P.G. Lonsdale	Lonsdale	165 mm	42
P.G. Connoisseur	Toro	152 mm	50
P.G. Epicure	Robusto	140 mm	50
P.G. Corona	Corona	140 mm	42
P.G. Petit Bouquet	Short Panetela	115 mm	38

PLEIADES

País República Dominicana

Sabor Suave a medio.

Calidad Muy buena

Características Estos puros de nombre estelar tienen doble nacionalidad, dominicana y francesa. Se elaboran en la República Dominicana con liga de Olor y Piloto Cubano, capillo dominicano y capa Connecticut de tabaco tapado. Luego, los puros cruzan el Atlántico hasta llegar a la sede de la compañía, en Francia, donde se añejan durante seis meses y se seleccionan y empaquetan con sumo cuidado. De estos puros destaca especialmente su caja, fabricada en los Países Bajos y que incluye un humidificador Credo recargable.

Sirius

Nombre	Vitola	Longitud	Calibre
Aldebarán	Gigante	217 mm	50
Neptune	Corona Gigante	192 mm	42
Sirius	Churchill	174 mm	46
Centaurus	Corona	147 mm	42
Uranus	Panetela	174 mm	34
Plutón	Robusto	127 mm	50
Perseus	Small Panetela	127 mm	34
Venus	Cigarrito	140 mm	28

POR LARRANAGA

País Cuba

Sabor Medio a fuerte, con un toque más bien dulce.

Calidad Superior

Características Constituye una mítica marca cubana, la más antigua de las todavía operativas. Los puros Por Larrañaga no tienen una amplia distribución y van muy buscados por los expertos en auténticos Habanos. Esta compañía, pionera en mecanizar el proceso de manufactura, produce puros hechos a mano y a máquina sin distinción de tamaño. El nombre de Larrañaga se menciona en el célebre poema de Rudyard Kipling: "No me siento tirano: una mujer no vale lo que vale un habano."

Nombre	Vitola	Longitud	Calibre
Lonsdale	Lonsdale	165 mm	42
Lancero	Corona	142 mm	42
Petit Corona	Petit Corona	129 mm	42
Néctares Nº 4	Corona Gorda	116 mm	40
Coronita	Panetela	127 mm	38

Coronita

POR LARRANAGA

País República Dominicana

Sabor Medio a fuerte.

Calidad Superior

Características Los puros Por Larrañaga de la República Dominicana presentan un torcido perfecto, con liga de tabacos dominicanos y brasileños, capillos dominicanos y capas de hoja Connecticut. La selección consta tan sólo de siete vitolas y su distribución es bastante reducida. En la anilla de los hechos en Cuba figura la palabra "Habana" y en la de los dominicanos, "La Romana."

Pyramid

Nombre	Vitola	Longitud	Calibre
Fabulosos	Doble Corona	178 mm	50
Cetros	Lonsdale	174 mm	42
Nacionales	Corona	140 mm	42
Delicados	Panetela	165 mm	36
Pyramid	Perfecto	152 mm	48

PUNCH

País Cuba

Sabor Suave a medio, con cierto toque picante.

Calidad Superior

Características Marca creada en 1840 para el mercado británico, cuyo nombre proviene de una revista humorística con la figura de un tal Sr. Punch que lucía siempre un puro en la mano; su imagen sigue decorando los estuches de esta marca, que se ha hecho mundialmente famosa. También su precio se ha vuelto popular, lo cual resta atractivo a los ojos de los expertos. Existe un sinfín de modelos distintos, muchos de ellos hechos a máquina y del mismo tamaño que los hechos a mano, por lo que es preciso fijarse bien a la hora de adquirirlos. Además, las mismas vitolas pueden tener nombres distintos en otros países.

Nombre	Vitola	Longitud	Calibre
Diademas	Gran Corona	242 mm	47
Doble Coronas	Doble Corona	194 mm	49
Monarcas	Churchill	178 mm	47
Punch Punch	Corona Gorda	142 mm	46
Black Prince	Corona Gorda	142 mm	46
Selección de Luxe Nº 1	Corona Gorda	142 mm	46
Néctares Nº 5	Panetela Larga	178 mm	33
Super Selection Nº 1	Lonsdale	156 mm	42
Presidentes	Petit Corona	129 mm	42
Petit Punch de Luxe	Media Corona	102 mm	40

Punch Punch

PUNCH

País Honduras

Sabor Fuerte.

Calidad Superior

Características La marca Punch de Honduras es una de las mejores del país, con ese intenso sabor tan característico de los puros de la isla. El tabaco de la tripa procede de Honduras, la República Dominicana y Nicaragua, el capillo es hoja Connecticut y la capa, de Sumatra, cultivada en Ecuador. El tabaco de la Serie Grand Cru se añeja de tres a cinco años; de ahí su rico sabor.

Britania

Nombre	Vitola	Longitud	Calibre
Presidentes	Gigante	217 mm	52
Pitas	Toro	156 mm	50
Casa Grande	Churchill	184 mm	46
Nº 75	Corona	140 mm	44
Largo Elegantes	Panetela Fina	178 mm	32
Diademas	Doble Corona	184 mm	54
Superiores	Robusto	140 mm	48
Chateau Lafitte	Doble Corona	184 mm	54
Britania	Toro	158 mm	50
Selección Deluxe			
Chateau "L"	Doble Corona	184 mm	54
Chateau "M"	Corona Gorda	147 mm	46
Coronas	Gran Corona	158 mm	45
Selección Grand Cru			
Diademas	Doble Corona	184 mm	54
Monarcas (en tubo)	Churchill	170 mm	48
Prince Consorts	Gigante	217 mm	52

QUINTERO

País Cuba

Sabor Suave, pero robusto.

Calidad Buena

Características No recomendada para principiantes, esta marca fue fundada por Agustín Quintero y sus cuatro hermanos. Conocidos por haber empezado a producir en la población costanera de Cienfuegos, en lugar de en La Habana, los Quintero abrieron un pequeño "chinchal", o taller de puros, a mediados de los años veinte. En 1940, su reputación los llevó hasta La Habana, donde introdujeron la marca con tabaco de Vuelta Abajo. Actualmente, los puros Quintero constituyen los puros Habanos preferidos de los alemanes. Tanto su hoja como su torcido son de muy buena calidad. Los cinco modelos listados más abajo se elaboran a mano (la caja lleva el sello "Totalmente a mano"), y otros cinco se elaboran a máquina. El Churchill es una buena elección, por su sabor único a tabaco y su aroma intenso. El que no está siempre disponible es el Breva, uno de los mejores Quinteros que, por su fortaleza, puede fumarse tras una rica comida, lo que indica que no es apto para principiantes.

Nombre	Vitola	Longitud	Calibre
Churchill	Lonsdale	165 mm	42
Coronas	Corona	142 mm	42
Coronas Selectas	Corona	142 mm	42
Brevas	Petit Corona	140 mm	40
Medias Coronas	Petit Corona	127 mm	40

RAFAEL GONZALEZ

País Cuba

Sabor Suave

Calidad Superior

Características La marca Rafael González fue creada en 1928, pensando especialmente en el mercado británico. De hecho, la compañía inventó el modelo Lonsdale en exclusiva para el Conde de Lonsdale. La caja constituye una de sus características más destacables, que lleva inscritas estas palabras: "Estos puros han sido elaborados a partir de una mezcla secreta a base de tabacos puros de Vuelta Abajo, seleccionados por Márquez Rafael González, Grande de España, cuya marca perduró durante más de 20 años. A fin de que el fumador pueda apreciar la perfección de la fragancia, debe fumar estos puros dentro del mes siguiente a la fecha de embarque desde La Habana o bien dejarlos madurar durante un año." Su sabor es bastante complejo, aunque resulten ligeros para los cubanos.

Panetelas

Nombre	Vitola	Longitud	Calibre
Lonsdale	Lonsdale	165 mm	42
Coronas Extra	Corona Extra	142 mm	46
Petit Lonsdales	Petit Corona	129 mm	42
Petit Coronas	Petit Corona	129 mm	42
Panetelas	Small Panetela	116 mm	34
Slenderellas	Panetela Fina	174 mm	28

RAMON ALLONES

País Cuba

Sabor Fuerte, como su aroma.

Calidad Superior

Características En 1837, Ramón Allones llegó a Cuba desde España con el propósito de fabricar puros y fundó la segunda marca cubana más antigua. Trajo consigo ideas innovadoras, como la de poner etiquetas coloreadas en los estuches; sin éstas, la historia de los puros no sería la misma. También inventó el método 8-9-8 para empaquetar los puros, partiendo de la base de que éstos se mantienen más redondos porque las filas sufren menos presión. Los puros de Ramón Allones, no aptos para principiantes, figuran entre los preferidos de muchos expertos, capaces de saborear su fuerte sabor.

Toppers

Nombre	Vitola	Longitud	Calibre
Gigantes	Doble Corona	194 mm	49
Churchill 8-9-8	Gran Corona	170 mm	43
Coronas 8-9-8	Corona	142 mm	42
Petit Coronas	Petit Corona	129 mm	42
Ramonitas	Small Panetela	127 mm	35
Toppers	Corona	152 mm	40

RAMON ALLONES

País República Dominicana

Sabor Suave a medio, con un cierto aroma a café.

Calidad Superior

Características La versión dominicana del Ramón Allones tiene una liga a base de tabacos jamaicanos, dominicanos y mexicanos, un capillo mexicano y una capa Camerún. Estos puros poseen un sabor mucho más suave que los Habanos del mismo nombre. Los Crystals vienen en tubos de cristal individuales y los Trumps, en estuches de madera de cedro sin anilla ni celofán.

Nombre	Vitola	Longitud	Calibre
D	Petit Corona	127 mm	42
A	Lonsdale	165 mm	42
Redondos	Doble Corona	178 mm	49
Crystals (en tubo)	Lonsdale	170 mm	42
Trumps	Lonsdale	170 mm	43

Trumps

ROMEO Y JULIETA

País Cuba

Sabor Consistencia media y sabor rico y complejo.

Calidad Superior

Características La pasión que sentían Romeo y Julieta los llevó a la perdición, pero la pasión por los puros catapultó al éxito la marca de Rodríguez "Pepín" Fernández, Romeo y Julieta. En 1903, el fundador compró una pequeña fábrica y, en el periodo de dos años, convirtió dicha marca de Habanos de calidad en la más vendida del mundo. La introdujo en los círculos aristocráticos, mediante la creación de anillas personalizadas para miembros de la realeza, jefes de estado y otras personalidades; llegó a imprimir miles de anillas exclusivas. Actualmente, Romeo y Julieta es una de las marcas más famosas de Cuba y produce cuarenta y seis modelos, entre hechos a mano y a máquina. Dada esta gran cantidad, no todos son tan buenos como el mejor, pero los mejores resultan excelentes.

Nombre	Vitola	Longitud	Cepo
Fabulosos	Gran Corona	242 mm	47
Prince of Wales	Churchill	178 mm	27
Clemenceaus	Churchill	178 mm	47
Cedros de Luxe Nº 1	Lonsdale	165 mm	42
Cazadores	Gran Corona	163 mm	44
Romeo Nº 2 de Luxe	Petit Corona	129 mm	42
Shakespeares	Panetela Fina	174 mm	28
Exhibición Nº 3	Corona Gorda	142 mm	46
Petit Julietas	Cigarrito	86 mm	30

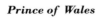

Prince of Wales

ROMEO Y JULIETA

País República Dominicana

Sabor Fortaleza media, muy sabroso y aromático.

Calidad Superior

Características El Romeo y Julieta dominicano se compone de una tripa de semillas cubanas y dominicanas, un capillo de hoja Connecticut ancha y una capa Camerún. Lo más destacable de esta marca es la Serie Vintage, que posee una sedosa capa de hoja Connecticut, una tripa dominicana de semillas cubanas y un capillo mexicano añejo; una combinación que le confiere un sabor peculiar y complejo. Estos puros vienen en una caja de cedro español equipada con un humidor francés Credo.

Nombre	Vitola	Longitud	Calibre
Romeos	Pirámide	152 mm	46
Chiquitas	Small Panetela	108 mm	32
Delgados	Panetela Fina	178 mm	32
Palmas	Corona Larga	152 mm	43
Romeo y Julieta Añejos			
I	Corona Larga	152 mm	43
III	Robusto	108 mm	50
IV	Churchill	178 mm	48
VI	Gigante	178 mm	60

Romeos

ROYAL DOMINICANA

País República Dominicana

Sabor De suave a medio.

Calidad Excelente

Características Los puros Royal Dominicana son de buena manufactura y resultan muy asequibles. La tripa es dominicana, el capillo mexicano y la capa, Connecticut. El resultado es un puro de fortaleza media que se vende en exclusiva a J.R. Tobacco.

Super Fino

Nombre	Vitola	Longitud	Calibre
Churchill	Doble Corona	184 mm	50
Nacional	Corona	140 mm	43
Corona	Gran Corona	152 mm	46
Nº 1	Lonsdale	170 mm	43
Super Fino	Panetela	152 mm	35

ROYAL JAMAICA

País República Dominicana

Sabor Suave.

Calidad Superior

Características La sede de esta marca se hallaba en Jamaica, hasta que fue destruida por el huracán Hugo en 1989 y la compañía tuvo que mudarse. Establecida en la República Dominicana, los propietarios todavía elaboran la tripa con una mezcla de tabaco jamaicano y dominicano, un capillo de Java y una capa Camerún. Uno de los mejores puros suaves, la serie maduro de Royal Jamaica, posee mayor fortaleza y un toque dulzón, típico de la capa oscura mexicana.

Nº 2

Nombre	Vitola	Longitud	Calibre
Navarro	Panetela Fina	170 mm	34
Director Nº 1	Gran Corona	152 mm	45
Doubloon	Panetela Fina	178 mm	30
Park Lane	Gran Corona	152 mm	47
Rapier	Purito	165 mm	28
Royal Corona	Corona Larga	152 mm	40
Tubo Nº 1	Lonsdale	165 mm	42
Royal Jamaica Maduro			
Churchill	Gigante	204 mm	51
Corona Grande	Lonsdale	165 mm	42
Corona	Corona	140 mm	40
Buccaneer	Panetela Fina	140 mm	30

SAINT LUIS REY

País Cuba

Sabor Fuerte, con sabor y aroma refinados.

Calidad Superior

Características Los Saint Luis Rey se cuentan entre los mejores puros cubanos. Creada cincuenta años atrás para el mercado británico, esta marca tiene una presentación muy atractiva: caja blanca con ribete dorado y etiqueta roja. No deben confundirse con los puros que llevan la etiqueta San Luís Rey, que pueden estar hechos en Cuba para el mercado alemán o hechos a máquina en Alemania. Su etiqueta responde al mismo diseño, pero es verde y dorada. La producción limitada de estos puros garantiza su calidad, pensada para expertos.

Serie A

Nombre	Vitola	Longitud	Calibre
Doble Corona	Doble Corona	194 mm	49
Churchill	Churchill	178 mm	47
Lonsdale	Lonsdale	165 mm	42
Serie A	Corona Gorda	142 mm	46
Regios	Robusto	127 mm	48
Coronas	Corona	142 mm	42
Petit Corona	Petit Corona	129 mm	42

SANCHO PANZA

País Cuba

Sabor Suave y muy aromático.

Calidad Superior

Características Sancho Panza es una antigua marca cubana cuyos puros, de sabor suave y complejo, resultan demasiado fuertes para los principiantes, pero algo flojos para los expertos. De todos modos, se trata de puros de calidad que merecen constar en ambos repertorios. El Sancho Panza resulta óptimo como puro de día para fumadores habituales. Para los neófitos, existe todo un abanico de posibilidades para experimentar. Los Sancho Panza tienen su máxima difusión en España.

Dorados

Nombre	Vitola	Longitud	Calibre
Sanchos	Gran Corona	242 mm	47
Coronas Gigantes	Churchill	178 mm	47
Molinos	Lonsdale	165 mm	42
Dorados	Lonsdale	165 mm	42
Belicosos	Figurado	140 mm	52
Bachilleres	Media Corona	116 mm	40

SANTA CLARA

País México

Sabor De suave a medio.

Calidad Excelente

Características Santa Clara, que lleva el año de su fundación en la anilla, 1830, es un puro totalmente mexicano. La tripa, el capillo y la capa, cuya semilla es de Sumatra, son de cultivo mexicano. Su distintivo sabor lo aporta la capa, que puede obtenerse en las variantes natural o maduro, y en casi todos los tamaños.

III

Nombre	Vitola	Longitud	Calibre
I	Doble Corona	178 mm	52
III	Lonsdale	169 mm	43
V	Corona Larga	152 mm	44
VII	Cigarrito	140 mm	25
Premier Tubes			
(en tubo)	Panetela	170 mm	38
Quino	Small Panetela	115 mm	30

SANTA DAMIANA

País República Dominicana

Sabor De suave a medio.

Calidad Superior

Características El nombre de Santa Damiana se ha recuperado de una antigua marca cubana, renovada para el fumador contemporáneo. Desde 1992 los puros se elaboran en una fábrica moderna de la República Dominicana y, para su mezcla, se tiene siempre presente el grado de sofisticación del fumador actual. La tripa es una mezcla de tabacos mexicanos y dominicanos, el capillo es mexicano y la capa es de hoja Connecticut muy fina. Existen mezclas y nombres distintos para los mercados de Estados Unidos y Europa.

Nombre	Vitola	Longitud	Calibre
Selección Nº 100	Churchill	170 mm	48
Selección Nº 300	Corona Gorda	140 mm	46
Selección Nº 500	Robusto	127 mm	50
Selección Nº 700	Lonsdale	165 mm	42
Selección Nº 800	Doble Corona	178 mm	50

Selección Nº 800

SOSA

País República Dominicana

Sabor De medio a fuerte.

Calidad Buena

Características Juan Sosa creó la marca en los años setenta y su vitolario actual está pensado para satisfacer los gustos modernos. La tripa de estos puros es dominicana y brasileña, y el capillo, de Honduras. En consonancia con este carácter internacional, la capa puede ser de semilla de Sumatra, cultivada en Ecuador o bien de hoja Connecticut ancha y añeja. El atractivo de estos puros radica en la asequibilidad de su precio.

Governor

Nombre	Vitola	Longitud	Calibre
Wavell	Robusto	121 mm	50
Brevas	Corona	140 mm	43
Pirámide Nº 2	Pirámide	178 mm	64
Santa Fe	Panetela	152 mm	35
Magnums	Doble Corona	192 mm	52
Governor	Toro	152 mm	50

SUERDIECK

País Brasil

Sabor De suave a medio.

Calidad Buena

Características Suerdieck, la marca más conocida de Brasil, produce un gran número de puros, la mayoría hechos a máquina. En general, se componen de tabacos nacionales, si bien algunos combinan semilla de Sumatra con hoja cultivada en Brasil. La mayor parte de las vitolas son de calibre pequeño. Aunque la calidad de estos puros puede mejorar, algunos fumadores se sienten atraídos por su sabor.

Brasilia

Nombre	Vitola	Longitud	Calibre
Brasilia	Panetela Fina	140 mm	30
Finos	Gran Corona	147 mm	46
Viajantes	Petit Corona	127 mm	40
Corona Brasil Luxo	Corona Gorda	140 mm	42
Mata Fina Especial	Corona	133 mm	42

TE-AMO

País México

Sabor De suave a medio.

Calidad Buena

Características De entre todas las marcas mexicanas, ésta es la favorita de los norteamericanos. Los puros se elaboran en el valle de San Andrés, donde la compañía cultiva también los tabacos. Los puros pertenecen, en principio, a la variedad suave, si bien la mayoría pueden adquirirse en las variantes ligera y media, según sea la capa natural o maduro.

Torito

Nombre	Vitola	Longitud	Calibre
Celebration (en tubo)	Lonsdale	169 mm	44
Gran Pirámides	Pirámide	198 mm	54
Satisfaction	Gran Corona	152 mm	46
Caballero	Panetela Larga	178 mm	35
Torito	Robusto	121 mm	50
Presidente	Doble Corona	178 mm	50
Elegante	Cigarrito	147 mm	27
CEO	Gigante	217 mm	52
Relaxation	Lonsdale	169 mm	44

TEMPLE HALL

País Jamaica

Sabor De suave a medio, con cierto toque herbáceo.

Calidad Excelente

Características El nombre de Temple Hall proviene de una plantación de tabaco jamaicana fundada por cubanos en 1876, pero no fue hasta 1992, cuando apareció esta línea de puros, que el nombre volvió a utilizarse. Su tripa es una mezcla de tabaco jamaicano, dominicano y mexicano, el capillo es mexicano y la capa, hoja Connecticut de tabaco tapado. En relación con el estándar de los puros jamaicanos, el Macanudo, los Temple Hall tienen más cuerpo, aunque siguen siendo suaves y con matices florales y herbáceos.

685

Nombre	Vitola	Longitud	Calibre
700	Doble Corona	178 mm	49
685	Panetela	174 mm	34
500	Small Panetela	127 mm	31
Trumps Nº 1	Lonsdale	165 mm	42
Trumps Nº 3	Corona	140 mm	42

TRESADO

País República Dominicana

Sabor De suave a medio.

Calidad Excelente

Características El Tresado constituye un buen puro para cualquier principiante, pues resulta suave, asequible y de buena manufactura. La tripa y el capillo son dominicanos, y la capa indonesia añade un toque de sofisticación al sabor. En esta línea existen sólo cinco selecciones, que sin embargo abarcan una amplia gama de tamaños.

Selección Nº 300

Nombre	Vitola	Longitud	Calibre
Selección Nº 100	Gigante	204 mm	52
Selección Nº 200	Churchill	178 mm	48
Selección Nº 300	Gran Corona	152 mm	46
Selección Nº 400	Lonsdale	169 mm	44
Selección Nº 500	Corona	140 mm	42

TRINIDAD

País Cuba

Sabor De medio a fuerte.

Calidad Superior

Características Hasta hace muy poco, lo único que todo el mundo sabía acerca de Trinidad, la marca o el puro –pues existe solamente un único modelo–, era que existía. Ésta lleva una anilla dorada con la palabra "Trinidad" impresa en negro. Ciento sesenta y cuatro personas se fumaron un Trinidad en "La cena del siglo", que Marvin Shanken, editor de *Cigar Aficionado*, organizó en París en 1994. Se dice que el puro Trinidad se creó para el uso exclusivo de Fidel Castro, con el fin de ofrecerlo a los dirigentes que lo visitaban; Castro, en cambio, lo ha desmentido siempre. No obstante, cada mes se producen unas veinte cajas de cien Trinidades en la fábrica El Laguito. Alguien debe de haber en Cuba que sepa porqué.

Nombre	Vitola	Longitud	Calibre
Trinidad	Laguito Nº 1	192 mm	38

VERACRUZ

País México

Sabor De suave a medio, con matices de especias.

Calidad Superior

Características El nombre de Veracruz hace referencia al estado mexicano donde se encuentra el valle de San Andrés y sus cultivos de tabaco. Esta marca de calidad y sabor suave fue fundada en 1977 por Oscar J. Franck Terrazas y se distribuyó en primer lugar en Estados Unidos y Hawai. La característica más relevante de esta marca es su envoltorio, pues los tubos de cristal que contienen las vitolas de mayor tamaño son como pequeños humidores, sellados con espuma y un tapón de goma y envueltos en papel de seda; además, vienen empaquetados en cajas de cedro individuales. El precio es justamente proporcional a dicho envoltorio, el cual garantiza la buena conservación de los puros.

Nombre	Vitola	Longitud	Calibre
Flor de Veracruz Carinas	Small Panetela	118 mm	34
Mina de Veracruz (tubo)	Corona Larga	158 mm	42
Pemas de Veracruz (tubo)	Lonsdale	158 mm	42
Veracruz Magnum (tubo)	Churchill	200 mm	48

ZINO

País Honduras

Sabor Serie Standard: Medio.
Serie Mouton-Cadet: Suave.
Serie Connoisseur: Fuerte.

Calidad Superior

Características Zino fue fundada por el maestro de los puros, Zino Davidoff, (véase Davidoff), a finales de los años setenta. Con semejante nombre, a nadie se le

Serie Mouton Cadet Nº 1

ocurre poner en entredicho la calidad de estas vitolas. Existen tres series, la Standard, la Mouton-Cadet, creada para la baronesa Philippine de Rothschild, y la serie Connoisseur, lanzada en ocasión de la apertura de una tienda Davidoff en Nueva York. La tripa y el capillo de todas las categorías están elaborados con tabacos de

Diamond

Honduras y la capa es la más selecta hoja Connecticut.

Nombre	Vitola	Longitud	Calibre
Princesse	Cigarrito	108 mm	20
Diamond	Corona	140 mm	40
Tradition	Lonsdale	158 mm	44
Elegance	Panetela	170 mm	34
Veritas	Doble Corona	178 mm	50
Serie Zino Mouton-Cadet			
Nº 1	Lonsdale	165 mm	44
Nº 2	Panetela	152 mm	35
Nº 5	Petit Corona	127 mm	42
Nº 6	Robusto	127 mm	50
Serie Connoisseur			
Connoisseur 100	Doble Corona	198 mm	50
Connoisseur 200	Churchill	192 mm	46
Connoisseur 300	Gran Corona	147 mm	46

PUROS EN SERIE
Listado

El concepto de "en serie" hace referencia tanto al proceso de fabricación, que es mecánico, como a la amplia distribución de los puros. El término "en serie" resulta el más apropiado para el ritmo de fabricación a máquina, de quinientos hasta ochocientos puros por minuto, así como para los millones de unidades vendidas. Muchos de estos puros contienen picadura en la tripa, y el capillo, e incluso la capa, son de tabaco homogeneizado; pero, lo mejor es su fortaleza.

Marcas de producción en serie

Antonio y Cleopatra	El Trelles	Pancho García
Arango Sportsman	El Verso	Pedro Iglesias
William Ascot	Emerson	Phillies
As You Like It	Evermore	Pollack
B-H	Farnam Drive	Red Dot
Bances	Figaro	Rigoletto
Ben Bey	Florida	Robert Burns
Ben Franklin	García y Vega	Roi-Tan
Black & Mild	Gargoyle	Rosedale
Black Hawk	Gold & Mild	San Christóbal
Brazil	Harvester	San Felice
Budd Sweet	Hauptmann's	Santa Fe
Caribbean Rounds	Havana Blend	San Vicente
Celestino Vega	Hav-A-Tampa	Sierra Sweet
Charles Denby	Ibold	'63 Air-Flo
Charles the Great	Jon Piedro	Swisher Sweets
Cherry Blend	José Melendi	Tampa Cub
The Cigar Baron	J. R. Famous	Tampa Nugget
J. Cortés	Keep Moving	Tampa Sweet
Cyrilla	King Edward	Topper
Dester Londres	La Fendrich	Topstone
Directors	Lancer	Travis Club
Don César	Lord Beaconsfield	Villa de Cuba
Dry Slitz	Marsh	Villazon Deluxe
R. G. Dunn	Muniemaker	White Owl
Dutch Masters	Muriel	William Penn
1886	Nat Cicco's	Windsor & Mark IV
El Cauto	Odin	Wolf Bros.
El Macco	Old Hermitage	Y. B.
El Producto	Optimo	Zino
	Palma	

Antonio y Cleopatra

País Puerto Rico

Nombre	Vitola	Longitud	Calibre
Grenadiers Whiffs	Cigarrito	92 mm	23 ^{2}/$_3$
Grenadiers			
Palma Maduro	Corona	142 mm	42 ^{1}/$_2$
Panetela Deluxe	Panetela	137 mm	35 ^{1}/$_2$
Grenadiers	Panetela Fina	158 mm	33 ^{1}/$_2$
Serie capa Connecticut			
Grenadiers Miniatures	Cigarrito	115 mm	28
Grenadiers Panetelas	Panetela	137 mm	35 ^{1}/$_2$
Grenadiers Presidentes	Corona	142 mm	42 ^{1}/$_2$

Arango Sportsman

País Estados Unidos

Nombre	Vitola	Longitud	Calibre
N° 100	Panetela Fina	147 mm	34
N° 200	Lonsdale	158 mm	42
N° 300	Churchill	178 mm	46
N° 350	Robusto	147 mm	48

Wm. Ascot

País Estados Unidos

Nombre	Vitola	Longitud	Calibre
Palma	Lonsdale	158 mm	42
Rounds	Churchill	178 mm	46
Panetela	Panetela Fina	147 mm	34

AS YOU LIKE IT

País Estados Unidos

Nombre	Vitola	Longitud	Calibre
Nº 18	Corona Larga	152 mm	41
Nº 22	Petit Corona	115 mm	41
Nº 32	Corona Larga	152 mm	43

B-H

País Estados Unidos

Nombre	Vitola	Longitud	Calibre
Boston Blunts	Lonsdale	165 mm	42
Golden Grandes	Panetela	165 mm	36
Esceptionals	Robusto	140 mm	50

BANCES

País Estados Unidos

Nombre	Vitola	Longitud	Calibre
Crowns	Robusto	147 mm	50
Havana Holders	Panetela Fina	165 mm	30
Nº 3	Gran Corona	147 mm	46

CARIBBEAN ROUNDS

País Estados Unidos

Nombre	Vitola	Longitud	Calibre
Casinos	Lonsdale	165 mm	43
Petites	Short Panetela	118 mm	36
Rounds	Lonsdale	184 mm	45

CELESTINO VEGA

País Estados Unidos

Nombre	Vitola	Longitud	Calibre
The Islander	Petit Corona	147 mm	48
Classic Stogie	Panetela Fina	178 mm	34
Poquito	Cigarrito	108 mm	24

CHARLES THE GREAT

País Estados Unidos
Hecho a máquina y con tripa larga

Nombre	Vitola	Longitud	Calibre
Churchill	Doble Corona	178 mm	50
English Rounds	Corona Larga	152 mm	43
Classic	Panetela	152 mm	34

J. CORTÉS

País Bélgica
Hecho a máquina y 100% tabaco

Nombre	Vitola	Longitud	Calibre
Long Filer Nº 1	Panetela	140 mm	38
Milord	Small Panetela	108 mm	30
Mini	Cigarrito	85 mm	19

DIRECTORS

País Estados Unidos

Nombre	Vitola	Longitud	Calibre
Coronella	Cigarrito	127 mm	27 $^1/_2$
Corona	Corona Larga	152 mm	44
Panetela	Short Panetela	137 mm	36

R. G. DUNN

País Estados Unidos

Nombre	Vitola	Longitud	Calibre
Babies	Petit Corona	106 mm	42
Youngfellow	Panetela Fina	133 mm	34
Bouquet	Corona	140 mm	42 $^1/_2$

DUTCH MASTERS

País Puerto Rico

Nombre	Vitola	Longitud	Calibre
Cameroon Elite	Panetela Fina	156 mm	29 $^1/_2$
President	Corona	142 mm	40 $^1/_2$
Cadet Regular	Cigarrito	121 mm	27 $^1/_2$
Belvedere	Corona Gorda	124 mm	46 $^1/_2$

EL CAUTO

País República Dominicana

Nombre	Vitola	Longitud	Calibre
Blunt	Corona Larga	152 mm	43
Fumas	Gran Corona	163 mm	46
Super Fumas	Lonsdale	102 mm	44

EL PRODUCTO

País Puerto Rico

Nombre	Vitola	Longitud	Calibre
Little Coronas	Small Panetela	118 mm	31
Blunts	Corona	142 mm	40 $^1/_2$
Bouquets	Petit Corona	121 mm	44
Favoritas	Robusto	127 mm	48 $^1/_2$
Queens (en tubo)	Corona	142 mm	42

EL TRELLES

País Estados Unidos

Nombre	Vitola	Longitud	Calibre
Bankers	Corona Larga	152 mm	43
Blunt Extra	Corona Gorda	133 mm	45
Tryangles Deluxe	Pirámide	133 mm	45

EL VERSO

País Estados Unidos

Nombre	Vitola	Longitud	Calibre
Bouquet Dark	Corona Gorda	121 mm	45
Commodore	Panetela	152 mm	36
Mellow	Cigarrito	108 mm	29

EVERMORE

País Estados Unidos

Nombre	Vitola	Longitud	Calibre
Original	Corona Gorda	118 mm	45
Palma	Corona Larga	152 mm	42
Grand Corona	Gran Corona	147 mm	47

GARCÍA Y VEGA

País Estados Unidos

Nombre	Vitola	Longitud	Calibre
Chicos	Cigarrito	108 mm	27
Bravuras	Panetela Fina	137 mm	34
Senators	Petit Corona	115 mm	41
Delgado Panetela	Short Panetela	137 mm	34
Gallantes	Panetela	163 mm	34
Napoleones	Corona	147 mm	41
Crystals Nº 200 (en tubo)	Corona Larga	156 mm	41

HAUPTMANN'S

País Estados Unidos

Nombre	Vitola	Longitud	Calibre
Perfecto	Corona Gorda	131 mm	45
Broadleaf	Corona	133 mm	43
Panetela	Panetela	147 mm	38

HAVANA BLEND

País Estados Unidos
Hecho a máquina; 100% tabaco
cubano (cosecha de 1959)

Nombre	Vitola	Longitud	Calibre
Petit Corona	Short Panetela	121 mm	38
Palma Fina	Cigarrito	165 mm	29
Doubloon	Lonsdale	165 mm	42
Churchill	Churchill	178 mm	47

HAV-A-TAMPA

País Estados Unidos

Nombre	Vitola	Longitud	Calibre
Blunt	Corona	127 mm	43
Cheroot	Small Panetela	121 mm	31
Jewel Black Gold	Cigarrito	127 mm	29
Perfecto	Petit Corona	121 mm	43

IBOLD

País Estados Unidos

Nombre	Vitola	Longitud	Calibre
Black Pete	Petit Corona	124 mm	44
Breva	Robusto	131 mm	51
Ideales	Panetela	150 mm	38

Jon Piedro

País Estados Unidos

Nombre	Vitola	Longitud	Calibre
Acapulco Breva	Lonsdale	165 mm	42
Acapulco Slims	Panetela	165 mm	36
Broadleaf Rounds	Gran Corona	165 mm	46

Jose Melendi

País Estados Unidos   Hecho a máquina y con tripa larga

Nombre	Vitola	Longitud	Calibre
Vega I	Short Panetela	137 mm	37
Vega VII	Lonsdale	178 mm	35
Wild Maduro	Panetela Fina	174 mm	34

King Edward

País Estados Unidos

Nombre	Vitola	Longitud	Calibre
Invincible Deluxe	Corona	140 mm	42
Panetela Deluxe	Short Panetela	133 mm	36
Little Cigars	Cigarrito	110 mm	29

Lord Beaconsfield

País Estados Unidos

Nombre	Vitola	Longitud	Calibre
Rounds	Churchill	184 mm	46
Lords	Panetela Fina	178 mm	34
Cubanola	Corona	140 mm	44

MARSH

País Estados Unidos

Nombre	Vitola	Longitud	Calibre
Mountaineer	Panetela Fina	140 mm	34
Virginian	Panetela	140 mm	37
Deluxe	Panetela Larga	178 mm	34

MUNIEMAKER

País Estados Unidos
Hecho a máquina, 100% tabaco

Nombre	Vitola	Longitud	Calibre
Regular	Corona Gorda	115 mm	47
Straight	Robusto	140 mm	48
Judges Cave	Corona Gorda	115 mm	47

MURIEL

País Puerto Rico

Nombre	Vitola	Longitud	Calibre
Magnum	Corona Gorda	118 mm	46 $^1/_2$
Air Tips Regular (en punta)	Small Panetela	127 mm	30 $^1/_2$
Coronella	Small Panetela	118 mm	31
Coronella Sweet	Small Panetela	127 mm	31

NAT CICCO'S

País Estados Unidos

Nombre	Vitola	Longitud	Calibre
Churchill Rejects	Corona Gigante	204 mm	46
Governor	Corona Larga	152 mm	42
Jamaican Rounds	Churchill	184 mm	46
Serie aromática y sabrosa			
Almond Liquer	Panetela Fina	165 mm	34
Cuban Cafe	Panetela Fina	165 mm	34
Plaza Aromatic	Corona Larga	152 mm	42

ÓPTIMO

País Estados Unidos

Nombre	Vitola	Longitud	Calibre
Diplomat	Panetela	131 mm	33
Admiral	Corona Larga	127 mm	41
Sports	Petit Corona	115 mm	41

PEDRO IGLESIAS

País Estados Unidos

Nombre	Vitola	Longitud	Calibre
Crowns	Corona Gorda	127 mm	45
Regents	Corona Larga	152 mm	44
Lonsdales	Lonsdale	165 mm	44

PHILLIES

País Estados Unidos

Nombre	Vitola	Longitud	Calibre
Perfecto	Corona	147 mm	43
Titan	Corona Larga	158 mm	44
Panetela	Panetela Fina	140 mm	34
King Cheroot	Panetela Fina	140 mm	32
Sweets	Corona	147 mm	43

RIGOLETTO

País Puerto Rico

Nombre	Vitola	Longitud	Calibre
Londonaire	Corona Larga	158 mm	43
Black Jack	Corona Gorda	137 mm	46
Palma Grande	Corona Larga	152 mm	41

ROI-TAN
País Puerto Rico

Nombre	Vitola	Longitud	Calibre
Bankers	Petit Corona	127 mm	40 $\frac{1}{2}$
Falcons	Panetela Fina	158 mm	33 $\frac{1}{2}$
Tips	Cigarrito	131 mm	27

SANTA FE
País Estados Unidos

Nombre	Vitola	Longitud	Calibre
Biltmore	Corona Larga	152 mm	41
Panetela	Panetela Fina	133 mm	33
Patties	Corona	140 mm	42

SWISHER SWEETS
País Estados Unidos

Nombre	Vitola	Longitud	Calibre
Kings	Corona	140 mm	42
Perfecto	Petit Corona	127 mm	41
Outlaw	Small Panetela	121 mm	32

TAMPA NUGGET
País Estados Unidos

Nombre	Vitola	Longitud	Calibre
Sublime	Petit Corona	121 mm	43
Tip Sweet (en punta)	Cigarrito	127 mm	28
Juniors	Small Panetela	115 mm	31

TAMPA SWEET

País Estados Unidos

Nombre	Vitola	Longitud	Calibre
Perfecto	Petit Corona	121 mm	43
Cheroot	Small Panetela	121 mm	31
Tip Cigarillo (en punta)	Cigarrito	127 mm	28

TOPPER

País Estados Unidos

Nombre	Vitola	Longitud	Calibre
Grande Corona	Corona Larga	152 mm	44
Breva	Corona Gorda	140 mm	45
Ebony	Corona	140 mm	44

TOPSTONE

País Estados Unidos

Nombre	Vitola	Longitud	Calibre
Serie Hoja Connecticut Ancha			
Supreme	Corona Larga	152 mm	42
Extra Oscuro	Corona Gorda	140 mm	46
Directores	Churchill	198 mm	47
Serie Natural Oscuro			
Executives	Churchill	184 mm	47
Panetela	Panetela	152 mm	39

TRAVIS CLUB

País Estados Unidos

Nombre	Vitola	Longitud	Calibre
Churchill	Doble Corona	178 mm	50
Centennial	Lonsdale	174 mm	45
Toro	Toro	152 mm	50

VILLA DE CUBA

País Estados Unidos

Nombre	Vitola	Longitud	Calibre
Brevas	Corona	147 mm	44
Majestics	Corona Larga	163 mm	43
Corona Grande	Corona Gigante	184 mm	45

WHITE OWL

País Estados Unidos

Nombre	Vitola	Longitud	Calibre
Coronetta	Cigarrito	118 mm	29
Demi-Tip (en punta)	Short Panetela	108 mm	32
Miniatures Sweet	Cigarrito	118 mm	29
Invincible	Corona	142 mm	41
New Yorker	Corona	142 mm	41
Blunts	Petit Corona	121 mm	41
Ranger	Panetela Fina	163 mm	34

WILLIAM PENN

País Estados Unidos

Nombre	Vitola	Longitud	Calibre
Willow Tips (en punta)	Cigarrito	108 mm	26
Perfecto	Corona	137 mm	41
Panetela	Panetela Fina	133 mm	34

WINDSOR & MARK IV

País Estados Unidos

Nombre	Vitola	Longitud	Calibre
Crooks	Petit Corona	127 mm	40
Maduro	Lonsdale	165 mm	43
Panetela	Panetela Fina	165 mm	34

WOLF BROS.

País Estados Unidos

Nombre	Vitola	Longitud	Calibre
Nippers	Cigarrito	83 mm	20
Crookettes	Small Panetela	115 mm	32
Sweet Vanilla Crooks	Corona	140 mm	42

ZINO

País Brasil, Países Bajos y Suiza
Hecho a máquina, 100% tabaco

Nombre	Vitola	Longitud	Calibre
Hechos en Brasil			
Santos	Panetela	165 mm	34
Por Favor	Small Panetela	102 mm	30
Hechos en los Países Bajos			
Drie Cello	Corona	147 mm	40
Cigarillos Brasil	Cigarrito	89 mm	20
Hechos en Suiza			
Relax Brasil	Panetela Fina	147 mm	30
Classic Sumatra	Petit Corona	121 mm	41

PUROS PEQUEÑOS
Una muestra

Aunque se consideran como un capricho, los puros pequeños pueden llegar a ser excelentes y convertirse en un complemento indispensable de su selección de puros particular. Todas las compañías los producen a mano y a máquina. A continuación, encontrará una guía de los que se comercializan actualmente, clasificados en: marcas artesanales productoras de puros pequeños, marcas mecanizadas productoras de puros pequeños y marcas especializadas en puros pequeños. De estas últimas, las más representativas se describen con detalle y con una lista de algunas de sus vitolas.

Marcas productoras de puros pequeños hechos a mano

Andujara
Antelo
Belinda
Celestino Vega
Davidoff
Don Diego
El Rey del Mundo
Excalibur
Honduras Cuban Tobaccos
Hoyo de Monterrey
Iracema
José Benito
Juan Clemente
La Gloria Cubana
La Native
Macanudo

Montecruz
Nat Sherman
Off Colors
Oscar
Partagás
Pleiades
Pride of Copan
Primo del Rey
Private Stock
Punch
Royal Jamaica
Santa Clara
Suerdieck
Te-Amo
Upmann
Zino

Marcas mecanizadas productoras de puros pequeños

Antonio y Cleopatra
Celestino Vega
J. Cortés
Directors
R. G. Dunn
Dutch Masters

El Verso
Garcia y Vega
Havana Blend
Hav-A-Tampa
Ibold
King Edward

Muriel
Phillies
Robert Burns
Roi-Tan
Swisher Sweets
Tampa Nugget

Tampa Sweet
White Owl
William Penn
Wolf Bros.
Zino

Marcas mecanizadas especializadas en la producción de puros pequeños

Agio
Alamo
G. A. Andron
Al Capone
Avanti
Backwoods
Between the Acts
Captain Black
Christian of Denmark
Dannemann
Davidoff Cigarillos
Denobili
Ducados
Dunhill Small Cigars
Dutch Treats
Erik
Gesty
Gold Seal
Hamlet Slims
Henri Winterman
Indiana Slims
La Corona
Madison

Manikin
Nobel Cigars
Omega
Panter
Parodi
Pedroni
Petri
Prince Albert
Rustlers
Sam Houston Special
Schimmelpenninck
Suerdieck
Supre Sweets
Super Value Little Cigars
Tijuana Smalls
Tiparillo
The Tobacconist Choice
Tobajara
Victoria
Villiger
Willem II Cigars
Winchester Little Cigars

LAS MARCAS DE PUROS PEQUEÑOS MÁS IMPORTANTES

VILLIGER

País Suiza

Características En 1888, Jean Villiger empezó a producir sus propios puros en Suiza. La compañía es ahora un gran imperio familiar, pues los descendientes de Villiger controlan la producción de más de 400 millones de puros en Suiza, Alemania e Irlanda, que luego se exportan a más de setenta países. Actualmente, todos los puros son mecanizados, y aunque algunos se componen de tabaco homogeneizado, muchos de ellos están elaborados con los mejores tabacos añejos procedentes de Colombia, la República Dominicana, Java, México y Camerún.

Nombre	Vitola	Longitud	Calibre*
Bunte (en punta)	Cigarrito	115 mm	
Curly	Cigarrito	178 mm	
Villiger-Kiel Mild (en punta)	Cigarrito	165 mm	
Villiger Export	Cigarrito	102 mm	
Villiger Export Kings	Cigarrito	131 mm	
Villiger Premium Nº 4	Cigarrito	102 mm	
Rillos (en punta)	Cigarrito	115 mm	
Braniff Nº 1	Cigarrito	89 mm	
Braniff Cortos Filter Light	Cigarrito	77 mm	

*El fabricante no incluye el calibre.

AGIO

País Países Bajos

Características Agio goza de gran popularidad en Europa por producir puros "secos" al estilo holandés de primera calidad. Éstos incluyen tabacos de Java, Sumatra y Camerún. Los Mehari se comercializan sobre todo en Bélgica y Alemania.

Nombre	Vitola	Longitud	Calibre
Biddies Brazil	Cigarrito	83 mm	20
Mehari's Sumatra	Cigarrito	102 mm	23
Mahari's Mild & Light	Cigarrito	102 mm	23
Filter Tip (en punta)	Cigarrito	77 mm	21
Señoritas Red Label	Small Panetela	102 mm	21

DANNEMANN

País Alemania

Características Se trata de una mítica marca dentro del mundo de los puros pequeños, fundada en Brasil en 1873 por Geraldo Dannemann. Sus puros se componen de tabacos de Sumatra y Brasil y se venden en todo el mundo.

Nombre	Vitola	Longitud	Calibre
Lights-Sumatra	Panetela Fina	152 mm	34
Espada-Brazil	Corona Gorda	127 mm	45
Slims-Sumatra	Cigarrito	165 mm	28
Moods	Cigarrito	73 mm	20
Sweets	Cigarrito	92 mm	20
Speciale-Brazil	Cigarrito	73 mm	25
Imperial-Sumatra	Cigarrito	108 mm	25
Pierrot-Brazil	Cigarrito	100 mm	28

SCHIMMELPENNINCK

País Países Bajos

Características Schimmelpenninck es la marca de un puro de fama mundial. Si bien se produce en Holanda, va muy buscado en todo el mundo, por lo que el 90% de la producción se destina a la exportación. Estos puros "secos" al estilo holandés se componen de mezclas excelentes de picadura procedente de Indonesia, Brasil, Camerún e, incluso, La Habana. El Duet es uno de los puros pequeños más conocidos en el mundo entero.

Nombre	Vitola	Longitud	Calibre
Florina	Cigarrito	100 mm	26
Nostra	Cigarrito	73 mm	27
Media	Cigarrito	77 mm	26
Mono	Cigarrito	86 mm	27
Vada	Cigarrito	100 mm	30
Duet Brazil	Cigarrito	142 mm	27
Havana Milds	Cigarrito	77 mm	26

NOBEL

País Dinamarca

Características Nobel, la mayor compañía productora de puros de Dinamarca, fue fundada en 1835 y es la responsable de la creación de todo el mercado del mini cigarrito en Europa. El Nobel Petit, de 1898, es una de las marcas más antiguas del mundo. Esta compañía produce asimismo la marca Christian of Denmark, que no cesa de ganar adeptos en todo el mundo.

Nombre	Vitola	Longitud	Calibre
Petit Sumatra	Cigarrito	86 mm	20
Medium Panetela Sumatra	Cigarrito	89 mm	22
Grand Panetela Sumatra	Cigarrito	140 mm	28
Petit Corona	Cigarrito	89 mm	32
Petit Lights	Cigarrito	86 mm	20

PUNTOS DE VENTA
Expendedurías en Europa

ALEMANIA

Aquisgrán
Pfeifer Schneiderwind
Tabak Jurewicz

Berlín
Horst Kiwus
Ka De We

Düsseldorf
Cigar Cabinet (Casa del
  Habano), Meerbusch
Peter Linzbach
Tabac Benden

Hamburgo
Duske und Duske
Pfeifen Timm
Wolsdorf

Heidelberg
Tabak Bieler KG

Munich
Cigarman
Max Zechbauer
Wilhem Bader

Stuttgart
Alte Tabakstube

AUSTRIA

Viena
Ostermann
Pfeifershop und
  Tabaktrafik Sterger
Tabaktrafik Kurz
Tabaktrafik Mohilla
Tabaktrafik Seiberl

BÉLGICA

Bruselas
Boutique Davidoff
  (Rue Lebeau)
LaTête d'Or
Le Roi du Cigare
Zabia

DINAMARCA

Copenhague
Neils Larsen

ESPAÑA

Badajoz
Ángel Manuel Hernández
  Fernández
Isabel Almazán González

Barcelona
Carmen Masana
Gimeno

Bilbao
María Felicidad Gómez Ruíz

Córdoba
Joaquín Peñuelas Lancharro
Juan Manuel Fernández
Vicario

Huelva
Francisco Díaz Leal

Jaén
Pilar Ortega Colmenero

Logroño
Julio de Miguel

Madrid
Casa Central del Tabaco
Eulalio Bejarano
José Martínez Franco

Salamanca
Nemesia Arendes

Sevilla
José Rodríguez Fe
Manuel Jiménez García
En las principales expende-
durías especializadas en la
venta de puros

FRANCIA

Amiens
La Civette

Avignon
La Maison du Fumeur

Cannes
La Civette Carlton

Chartres
La Marigny

Clermont–Ferrand
La Cave à Cigare

Dijon
Le Sultan

La–Seyne–sur–Mer
Le Cave à Cigares

Lyon
Le Khedive
Le Narval–Lugdunum
Cigare

Mónaco
Société des Bains de Mer

Nancy
La Maison du Fumeur

Saint Tropez
Chez Fuchs

París
Tabac des Quatre Temps
A Casa del Habano
La Civette
Tabac La Tabagie
Tabac George V

Reims
La Régence

Estrasburgo
Gérard–Style et Plume
Pip'Cig–Maison du
Fumeur

Tolosa
La Licorne

GRAN BRETAÑA

Bath
Frederick Tanner

Edimburgo
Herbert Love

Cambridge
Harrison & Simmonds

Londres
Alfred Dunhill
Benson & Hedges
Davidoff of London
Harrod's Ltd.
James J. Fox and Robert Lewis

Sautter of Mayfair
Selfridges

GRECIA

Atenas
M. Balli

IRLANDA

Dublín
J.J. Fox

ITALIA

Roma
Carmigani
Sincato

LIECHTENSTEIN

Vaduz
Tabakhaus Vaduz

LUXEMBURGO

Luxemburgo
La Civette

MÓNACO

Monte Carlo
Le Louis XV • Hotel de Paris
Société des Bain de Mer

PAÍSES BAJOS

Amsterdam
Davidoff
P.G. C. Hajenius
Tabacconist Andringa
Tabakspeciaalzaak van
    Coerden

Den Haag
Fa. de Graaff
Hamilton

Eindhoven
Fa. Roymans
Sigarenmagazijn P.v. Kuyk

Groningen
Sigarenhandel Homan

Maastricht
Fa. Otten

Nimwegen
Rokerspaleis W.J.Lensen
Sigarenhandel Wijsman

Rotterdam
Sigarenhandel van Dalen

Utrecht

Sigarenhandel Ben
  van Leur
Tabakspeciaalsaak De
  Oude Tijd

SUIZA

Baden

Tabakhaus Baden

Berna

Kägi

Ginebra

Davidoff & Cie SA
Gérard Père & Fils
Raffi Cigares
Tabac Rhein

Kreuzlingen

Portmann

Olten

Tabacaria

St. Gallen

Wellauer Zigarren

Zurich

Davidoff
Cigarren Durr
Samuel Menzi (Casa
  del Habano
Tabak Schwarzenbach

A PROPÓSITO DE PUROS
Glosario para fumadores

Aquí encontrará palabras pertenecientes a la jerga y al lenguaje específico del mundo de los puros.

A.M.S. • **American Market Selection**. Denominación de las capas ligeras y de sabor suave: Claro Claro, Candela y Jade.

Andullo • Obstrucción en el puro, causada por una tirantez excesiva del torcido, que impide que el puro tire correctamente.

Anilla • Banda de papel que rodea el puro e identifica la marca de manera decorativa.

Añejamiento • Periodo durante el cual los cigarros recién elaborados reposan en cuartos revestidos de anaqueles de cedro, los llamados escaparates, donde la humedad está controlada. Esto permite que se entremezcle el aroma de los distintos tabacos presentes en el puro.

Aroma • Olor que desprende un puro encendido. Se denomina **bouquet** al olor de la capa y de la perilla recortada antes de encender el puro.

Burros • Pilas de hojas, más altas que los *pilones*, donde se desarrolla el segundo proceso de fermentación bajo una temperatura y humedad reguladas.

Cabeza • Extremo del puro que se corta y por el cual se fuma.

Calibre o cepo • Medida para el diámetro de un puro que se divide en 1/64 de pulgada. Así, un puro de cepo 64 significa que éste mide 25,5 mm (una pulgada) de diámetro. Uno de cepo 32 indica un diámetro de 12,5 mm (media pulgada); y uno de 48, un diámetro de 8,5 mm (tres cuartos de pulgada).

Capa • Hoja externa y de mayor calidad de un puro con la que se envuelve el capillo.

Capillo o capote • Hoja de tabaco que envuelve la tripa y mantiene unido el núcleo del cigarro. El capillo queda cubierto por la hoja exterior o capa.

Combustibilidad o combustión • Modo en que arde un puro; también llamado combustión. Es un factor importante que debe tenerse en cuenta al adquirir un puro.

Cortapuros en cuña • Utensilio para cortar puros que produce una apertura en forma de V en la cabeza de los mismos.

Criollos • Puros ásperos que fuman los cubanos nativos.

Cuerpo • Tallo del puro.

Culebra • Tres puros en uno, es decir, tres puros enrollados en forma de trenza. Se trata de una invención del siglo XIX para impedir que los trabajadores de las fábricas de tabaco robaran los puros. Cada empleado tenía derecho a tres unidades al día, pero solamente envueltas de esta manera.

Demi Tasse • Puro pequeño de 102 mm de largo y cepo 30.

Desnudo • Término que designa los puros que no vienen envueltos en celofán, ni dentro de un tubo.

E.M.S. • **English Market Selection.** Término con el que se designa la capa de color marrón oscuro, muy apreciada en Gran Bretaña y Estados Unidos.

Empuñador • Vocablo dominicano que designa a la persona que, en una fábrica de tabaco, se encarga de envolver la tripa con la hoja del capillo, para formar el tirulo o empuño.

Empuño • Véase *tirulo*.

Fermentación • Proceso por el cual el tabaco, mediante el calor que generan las mismas hojas, desprende nicotina y otros componentes, cambia de color y adquiere casi todo su sabor. También llamado "curación" o "sudor".

Figurado • Puro que no forma un cilindro de paredes

totalmente lisas, sino que, como un Pirámide o un Torpedo, está mínimamente modelado.

Fortaleza • Grado de fuerza del impacto que se experimenta en cada bocanada.

Galera • En una fábrica de tabaco, sala de grandes proporciones donde se tuercen los puros.

Guillotina • Cortapuros que funciona como una guillotina: este utensilio de mano dispone de un orificio por donde se introduce la cabeza del puro y de una cuchilla para efectuar un corte circular. El tipo de corte se llama ¨corte guillotina¨.

Habano • Denominación que se da a todos los puros que se elaboran en la isla de Cuba.

Hecho a mano • Puro cuyo capillo y cuya capa se han elaborado y torcido totalmente a mano.

Higrómetro • Instrumento para medir la humedad relativa, que puede utilizarse en un humidor.

Hoja de tabaco homogeneizada • Producto derivado del tabaco que se utiliza como capillo y, a veces, como capa en algunos puros "secos" europeos y en puros americanos de producción en serie. Se trata de restos de tabaco combinados con sustancias como la celulosa y prensados para formar láminas.

Humidor • Caja hermética, normalmente de madera, equipada con un dispositivo humectante, especial para conservar los puros.

Liga o ligada • Combinación de hojas de tabaco para cada puro. El carácter de un puro depende de esta mezcla, que puede incluir tabacos de varios países, cosechas y años diferentes. El objetivo del mezclador es obtener una liga de sabor agradable.

Mazo • Grupo de unas veinte hojas que se atan por el extremo del tallo. Constituye la medida utilizada durante el procesamiento y la selección del tabaco.

Moja • Proceso por el cual se rocía el tabaco con agua

pura después de haberse dejado secar. Las hojas se humedecen para facilitar su manipulación.

Perilla • Pieza de tabaco que se coloca sobre la cabeza del puro y que se corta para fumarlo.

Pie • Extremo del puro que se enciende.

Pilones • Pilas altas en que se amontonan las hojas de tabaco, con el fin de que la temperatura aumente en su interior y se inicie así la primera fermentación.

Puro • Cigarro. De la expresión "puro Habano".

Puro de calidad • Cualquier puro de calidad, hecho a mano, con un ciento por ciento de tabaco y tripa de hoja larga.

Puro de producción en serie • Denominación aplicada a puros de precio económico que se elaboran a máquina y en grandes cantidades.

Puros secos • También llamados "holandeses" por los americanos, estos puros pequeños no precisan del proceso de humidificación. Elaborados por suizos y holandeses, se componen de una tripa corta, normalmente de tabaco de Sumatra e Indonesia, pero también de Cuba.

Rabito de cochino • Término dominicano que designa la pequeña cola de tabaco que sobresale de la cabeza de ciertos puros de calidad.

Tabaco tapado • Tabaco que ha sido cultivado bajo un toldo de estopilla o malla para protegerlo del sol. Suele referirse a la capa Connecticut, hoja que ha sido cultivada a la sombra para darle una textura más fina.

Tiro • Resistencia que opone el puro cuando se inhala. Es un factor importante que debe tenerse en cuenta a la hora de adquirir un puro.

Tirulo o empuño • En el proceso de elaboración del puro, conjunto formado por las hojas de la tripa y el capillo antes de recubrirlas con la hoja de la capa.

Torcedor o tabaquero • Persona que envuelve el empuño o

tirulo con la hoja de la capa. Los maestros torcedores son artesanos muy cualificados.

Torcido a mano ● Puro cuya capa ha sido torcida a mano, pero cuyo capillo se ha enrollado a máquina. En ocasiones, este tipo de puros se presentan como "hechos a mano".

Tripa ● Mezcla de tabaco seco, volado y ligero que constituye el cuerpo del puro y que queda envuelta por el capillo y la capa. Es el núcleo del sabor de un puro.

Tripa corta ● Hojas largas de tabaco de calidad que han sido recortadas para rellenar puros pequeños o mecanizados.

Tripa larga ● Tripa de los puros de calidad, cuya longitud es lo bastante larga para llenar todo el cuerpo.

Picadura ● Recortes de tabaco que se utilizan como tripa para puros de precio económico.

Vitola ● Tipo de puro, medida, formato. Es incorrecto el uso de este término para designar la anilla que envuelve el puro, aunque en ocasiones se utilice.